先进制造业文化

中国制造业转型升级的必由之路

Advanced manufacturing culture
The way to transform and upgrade
the China's manufacturing industry

宓仲业 ◎ 著

·北京·

图书在版编目（CIP）数据

先进制造业文化：中国制造业转型升级的必由之路／宓仲业著．--北京：中国经济出版社，2023.3（2024.7重印）
ISBN 978-7-5136-7236-8

Ⅰ.①先… Ⅱ.①宓… Ⅲ.①制造工业-产业发展-研究-中国 Ⅳ.①F426.4

中国国家版本馆CIP数据核字（2023）第031459号

责任编辑　杨元丽
责任印制　马小宾
封面设计　任燕飞设计

出版发行	中国经济出版社
印　刷　者	北京艾普海德印刷有限公司
经　销　者	各地新华书店
开　　　本	710mm×1000mm　1/16
印　　　张	17.25
字　　　数	231千字
版　　　次	2023年3月第1版
印　　　次	2024年7月第3次
定　　　价	88.00元

广告经营许可证　京西工商广字第8179号

中国经济出版社 网址 www.economyph.com　社址 北京市东城区安定门外大街58号　邮编 100011
本版图书如有印装质量问题，请与本社销售中心联系调换（联系电话：010-57512564）

版权所有　盗版必究（举报电话：010-57512600）
国家版权局反盗版举报中心（举报电话：12390）　　服务热线：010-57512564

序言
PREFACE

先进制造业文化

文化转型才是最根本的转型

作为机床工业领域一位成功的企业家和优秀技术专家，宓仲业先生是我的业界同行和老朋友，更是我所敬重的一位兄长。他的职业生涯都是在江苏金方圆数控机床有限公司（以下简称"金方圆"）和其前身企业度过的，并长期担任该企业的主要经营者。我所了解的情况是，在金方圆于2013年完成向全球板材加工设备制造巨头——德国通快集团（TRUMPF）的股权转让后，作者由于身体原因于次年离开了企业工作岗位（仅保留董事职务），专事休养治病。2020年9月下旬，我接到作者打来的电话，告诉我他在近几年的养病期间完成了一部书稿，是关于制造业文化的，希望我能看一看并提出意见与建议。我当然欣然从命，于是，他很快就寄来了书稿。

当我收到厚厚的书稿并简单浏览后，不由得再次对作者产生了钦佩之情。首先，我们都知道，国内关于制造业转型升级和制造业文化的专著、论文和报告并不少，研究也足够全面和深入，但是其中绝大多数都是由专家学者或专业作家完成的，真正出自企业家之手，以长期亲身实践为背景支撑的著作则罕见，因此这本身就体现了本书价值的特殊性。此外，作者作为一位从事企业技术和管理实务40多年的企业家，在退下来之后以70多岁的年龄，写出这样一本专著实属不易。从书稿目录所显示出的内容范围中，从书后所附长长的参考文献列表里，以及从书稿的厚度上，都不难感受到他为这本书付出的努力和心血！作者不仅一直关注着自己投入了一生精力的事业发展，实际上还在继续他所热爱的工作，只不过是换了一种形式或进入一个新的阶段而已。很显然，其新的工作站位更高，视野更宽，观察更全面，认识也更加系统深入，从而也更具普遍性的意义和价值。根据我个人的理解，尽管书中几乎没有谈到作者本人，谈及其所在企业的篇幅也很小，但是这本书却是他对其一生企业技术和管理实践的系统思考、全面总结和理论升华。

本书紧密围绕先进制造业文化这一主题进行了全面系统的分析和论述，其研究范围几乎涉及了与该主题有关的所有方面，其中不乏独具特色的观点和令人击节的精彩论述。尤其是本书书名所揭示的核心观点，即在企业竞争力诸要素中，文化竞争力是最基础、最根本的决定性要素，文化转型也是最难跨过的一道坎，但却是中国制造业必须跨过的一道坎。这一观点不仅对于我国机床制造业，而且对于更大范围内的中国制造业而言具有广泛的针对性和重要的现实意义。这一观点也与我本人的长期实践体会具有强烈的共鸣，因此我完全赞同这一观点。

在2010年的夏秋之际，我在天津参加过一个规模不小的制造业论坛。为了达到更好的效果，论坛组织者精心设计了一个沙龙形式的论坛单元，至今我还清楚地记得，这个沙龙单元的讨论题目为："中国制造业究竟差在哪里？"讨论参与者可以在宽松自由的氛围中不拘形式地表达自己的观点和看法，给出各自的答案，并将答案直接写在会场前面的大白板上。记得当时会场气氛十分活跃，大家从不同的视角给出了问题的一系列答案。答案的覆盖范围非常广泛，既包括产品、质量、服务、价格、研发、资金、营销、设备、配套……也包括品牌、管理、创新、人才、战略、文化……还包括体制、机制、政策、环境……林林总总，无所不包，写满了那块不小的白板。虽然论坛场面热烈，但是身处其中的本人却明显有种"隔靴搔痒"及"被科普"的感觉，并自然联想起了"盲人摸象"的寓言故事。很明显，人们在针锋相对的争论过程中不自觉地陷入了认识论上的误区，即孤立、静止、片面地观察和分析事物，由于这种误区的限制，多数与会者不仅忘记了这些答案本身的运动变化特征，更忽视了这些答案之间的内在联系和层次关系。

实事求是地讲，对于中国制造业而言，上述诸答案所对应的差距都是客观存在的，区别仅在于程度有所不同而已。从这个意义上讲，上述所有答案都是正确的。因此问题集中在了哪些答案所对应的差距是主要的，哪些又是次要的。事实上，与会者争论的正是这个问题。但是他们普遍忽视了这样一个最基本的事实，即主要差距是因企而异、因时而异的，不同（或不同类）的企业的主要差距不一定相同，即便是同一（或同一类）企业，在其不同的发展阶段也一定面对不同的主要差距，因此，脱离具体时空背景的研究和争论是缺乏实际意义的。

更不应该被忽视的是答案（事物）之间的内在联系和层次关系。对于上述诸多答案，除了企业自身无力把控的外部政策环境因素外，我们至少可以将其划分为两个层次，分属两个层次的答案具有完全不同的属性，特别是两个层次的答案之间还存在着源和流、本和标、纲和目的关系，由流、标和目开始，一定会追溯到源、本和纲，反过来，从源、本和纲入手，也一定能够牵出流、标和目。按照唯物辩证法的观点和方法，要从根本上解决问题，一定要牢牢抓住源、本和纲，这样才会收到纲举目张的功效。那么，在上述诸多答案中，有哪些答案属于源、本和纲，又有哪些答案属于流、标和目呢？我的观点是：企业的内部文化及相应的制度安排属于前者，除此以外的所有其他答案（当然也包括近年来不少人特别强调的"人才"问题）都只能属于后者。在那次论坛上，我所表达的正是上述观点，这也正是作者在本书中表达的核心观点。

金属加工机床主要包括两大类型，一类为金属切削机床，另一类为金属成形机床，两类机床间存在着很大区别。我所从事的具体类型属于前者，而作者从事的则为后者，因此，我和作者虽然相互认识较早，但彼此了解还只是近10年的事情。2011年，我在工作调研过程中第一次拜访了作者所在的企业——金方圆。那次拜访给我留下了非常深刻的印象。不仅因为企业的井然秩序使人耳目一新，还因为员工的精神面貌和文明素质令人刮目相看。其间的一个画面至今我记忆犹新。午休时间，作者带我们穿过装配车间去食堂吃饭，因为工人们都去食堂吃饭了，当时车间里人很少，我看到车间内整齐地摆放着几排崭新的机床底座，看起来都十分干净整洁，有两三名年轻的工人在用抹布仔细地擦拭着底座表面，很显然他们是在清理底座表面局部的轻微污渍。从这个画面里，我马上意识到这家企业的与众不同。不用说在10年前的当时，即便是在经历了多年转型升级之后的当下，产品装配过程中某些部件表面的局部轻微污渍仍被不少企业的不少人视为"微不足道"，因而他们往往对其视而不见。而金方圆则不然，他们连这些"微不足道"的细小瑕疵也不放过，足见其管理之细、标准之高、规矩之严和员工素质之过硬！见微知著，这几名员工身上表现出的精益求精的职业精神和工作态度，不仅反映出来自其外部的管理之力，更体现出源于其自身的行动自觉，而这种行动自觉一定来自企业的文化之力。毫不夸张地说，我在金方圆真正看到了什么叫作"固化于制、内化于心、外化于行"。说实话，这样的场面一般只有在西方发达工业国家尤其是在日本的同业企业中才会看到，在当时，做到如此境界的国内企业实在是太少见了，在那之前，我还不曾在国内的行业企业中见到过这种情况。

那么，金方圆是如何做到的？要回答这个问题，还得从作者本人谈起。

作者早年毕业于哈尔滨工业大学，1970年入职江苏省邗江通用机械厂。这家企业当时位于扬州市邗江县（今邗江区）瓜洲镇，是一家县属国有企业，主要从事农业机械和普通冲床生产。不难想象，这是一家各方面条件都很落后因此在行业中默默无闻的小企业。作者先是在企业做了10多年的技术工作，1983年开始担任该厂厂长，至2014年离开企业董事长职位时，他为这家企业整整服务了44年，其中连续30年担任该企业的主要经营者（厂长、总经理、董事长）。在他的主导下，该企业先后经历了联合重组、合资合作、搬迁改造和拆分切割，至1997年脱胎出现在的金方圆。而金方圆又经历了十几年的全方位改造，至2013年向德国通快集团转让大部分股权时，已经成长为国内同业中的一流企业。为此作者贡献了自己毕生的精力。说他一手重塑和成就了金方圆并不为过。由于作者的长期努力和出色业绩，他先后获得全国五一劳动奖章、全国劳动模范、全国优秀经营管理者和全国优秀科技工作者等称号，并享受国务院颁发的政府特殊津贴，还曾当选第八届全国人大代表。

纵观作者担任金方圆主要经营者的30年，可以大致将其划分为两个阶段。1983—1997年为第一阶段，在此阶段，他的主要注意力集中在企业的产品技术升级。先是与济南铸锻所建立科研生产联合体，后又引进瑞士RASKI公司产品技术并进一步与德国Beyler公司建立合资子公司，加之企业的易地搬迁和改造升级，金方圆在业内率先完成了主导产品的升级换代，奠定了企业后续发展的产品技术基础。1998—2013年为第二阶段，在这一阶段，作者在完成企业产权制度改革的基础上，开始致力于企业的全方位变革转型。企业分三个阶段连续实施了管理升级行动，为此克服了巨大困难，经历了多次反复。正是通过上述管理升级行动的实施，企业发生了脱胎换骨般的转型变化，不仅建立起全新的企业运行制度和规范，更通过制度和规范改变了全体员工的思维方式和行为习惯，也正是在此过程中，先进的企业文化才得以逐步形成并落地生根。

后来我从作者那里了解到，金方圆是从2002年开始实施以作业指导书为先导的管理升级行动的，现在回过头来看，金方圆也正是从那时开始逐步拉开与国内同业企业的距离，在行业中脱颖而出的。

本书全面论述了企业文化竞争力与其他竞争力要素之间的关系，其中包括文化与创新、文化与人才、文化与管理等，还特别着重论述了文化与企业家的关系。企业家在企业文化建设中发挥着至为关键的作用，从某种意义上讲，企业家的价值观念和性格特质决定了其企业的文化特征。就金方圆而言，其文化特征和管理特色与作者本人密不可分，或者说，是作者本人的价值观念和性格特质塑造了金方圆的企业文化。我所认识的作者，是一位典型的具有儒商气质的企业家，与其初接触，你会感觉到他文质彬彬的举止和温文尔雅的谈吐，但真正了解他的人都知道，他具有外柔内刚、外圆内方的性格特质，他忠诚敬业、目标坚定、做事执着、严谨理性、崇尚规则、追求至善，简言之，现代职业精神的主要特征在他的身上都得到了比较充分的体现。在10年前的那次拜访中，我曾当面问过作者："你们公司为什么取名金方圆？"他不假思索地回答："没有规矩，不成方圆。"现在看来，这不正是对金方圆文化特色的生动诠释吗？

40多年前开始的对外开放，使得中国制造业与工业发达国家间的巨大差距开始显现，然而我们对这一差距的真正认识则经历了一个不断深化和反复的过程。从最初的设备硬件不如人，到技术软件不如人，进一步到管理手段不如人。因此自改革开放以来，中国制造业也相应地先后经历了从发达工业国家购买先进装备、引进产品技术直至引进管理理论和方法的过程。我们不仅购买了大量的先进

序言

设备，引进了很多产品技术，而且也引进了最先进的管理理论和方法。似乎该学的我们都学了，该做的我们也都做了，可是为什么我们的多数产品还是二流的甚至是三流的呢？这曾经是中国制造业的长期困惑，也是前面提到的天津论坛以及大量类似论坛的举办背景。在困惑中，我们进一步找出了新的差距，即观念文化不如人，于是又开始研究和学习工业发达国家制造业的企业文化，并在业界迅速掀起了一股企业文化热。记得在金融危机前一段时期，有时甚至到了言必谈企业文化的程度。金融危机之后，特别是2012年之后，企业文化热迅速降温，转型升级成为全新的主题。那么，如何实现转型升级呢？很快地，创新成为业界最广泛的共识和最热门的话题，于是到处都在讲创新。近一年来我们还注意到，在创新效果并不明显的情况下，机床制造业又将其归咎于人才不足，于是开始大谈人才问题。我们承认，创新和人才都是我们的突出短板，也是转型升级的应有之义，如果创新和人才问题真正解决了，转型升级也就实现了，因此强调创新和人才无疑都是正确的，但是我们要提出的问题是：如果说创新的基础和前提是人才，那么人才的基础和前提又是什么呢？换言之，要从根本上解决创新和人才问题，我们又要依靠什么呢？在多年的转型升级实践中，越来越多的企业认识到，就转型的内容而言，企业的文化转型才是最基础、最根本、最具决定意义的转型，没有真正意义上的文化转型，其他方面的转型和升级都不会彻底，更不会持久。要从根本上解决创新和人才问题，同样绕不开企业文化转型这道坎。这是因为文化在企业中发挥着环境生态的作用，是"日用而不知"的土壤、阳光、空气和水；倘若环境生态不好，再好的种子也生长不出好的苗木，更不可能结出丰硕的果实，正所谓"橘生淮南则为橘，生于淮北则为枳"。因此不能就创新而创新，就人才而人才，必须致力于企业内部的文化转型，从而为创新和人才提供适宜生发和成长的生态环境，这才是转型升级的根本之道。

　　作者在本书中坦言："在管理升级过程中，我们首先体会到的是文化冲突。"回顾其在企业内部推行制造过程作业指导书时的屡战屡败经历，他将其深层原因归结为落后制造文化和先进制造文化之间的冲突。按照我个人的理解，作者所说的落后制造文化主要指过去长期存在的某些"差不多主义"变通哲学以及马虎陋习，而先进制造文化则主要指与现代制造业相适应的规则意识、契约精神以及执行力文化和细节文化等。不难看出，两者的对抗性是十分明显的。因此说，先进制造业文化绝不可能绘制在一张白纸上，它的建立必然是在与落后制造文化的冲突与博弈中，不断改造和战胜后者的过程，如果没有企业家的非凡勇气和顽强毅力是不可能实现的。华为早年在引进美国公司管理技术时甚至提出了"削足适履"这种在国人看来有悖常理的口号；中车公司在引进国外高铁列车技术时也曾做出"三化（僵化、固化、优化）"这样被视为不合时宜的硬性规定。这些实例都表明了企业文化转型的极端艰巨性。

　　也许人们并没有注意到，金方圆的转型实践有一个突出的特点，那就是在企业实施技术和管理升级的过程中，并没有把着眼点局限于技术和管理本身，而是着眼于通过技术和管理升级，建立企业新的经营管理理念，培育全新的企业文化，并依靠企业文化的力量，逐步改变员工的思维和行为方式，重塑员工的制造价值观，从而不断增强企业整体竞争力。以上特点也许正是金方圆转型经验的精髓所在。从本质上讲，华为的"削足适履"和中车公司的"三化（僵化、固化和优化）"与金方圆的上述转型特点是异曲同工的。

　　文化转型的基础性、根本性和决定性属性还决定了其必然是难度最大的转型。近些年来，众多企业正、反两个方面的转型经验充分表明，决定文化转型成败的关键并不在于理论方法，也不在于方案策划，真正的关键在于实施落地，正是由于没有真正解决好落地

序　言

问题，不少企业的转型之路止步于文化转型。如今我们还经常能看到企业文化建设的"三化（形式化、空泛化和雷同化）"现象，在相当一部分企业中，企业文化还仅仅是贴在墙上、挂在嘴边的空泛口号和时尚辞藻，与其实际的经营原则和行为习惯其实是完全不相干的两码事。这就是人们常说的"两层皮"和"夹生饭"现象。因此，仅仅认识到文化转型的根本性意义是不够的。从先进制造业文化的角度看，中国制造业的转型任务还十分艰巨，还有很长的路要走。对于如何少走弯路、如何找到一条正确的制造业强国之路，业界正在积极探索。我想这可能就是作者写作本书的初衷吧。

有幸成为本书最早的读者，本人受益匪浅。这篇文字是我阅读本书后的主要感受和体会，权且充作本书的序言吧。同时本人也期望作者的这本新书，尤其是金方圆的转型实践会为业界的积极转型探索提供一些有益的启示和借鉴。

中国机床工具工业协会原常务副理事长兼秘书长
陈惠仁
2021 年 7 月于大连

前 言
PREFACE

先进制造业文化

  实现制造业强国是我国的国家战略，而中国制造业在由大到强的道路上充满了重重挑战，因此经济界、学术界举办各种论坛对中国制造业存在的问题进行研讨，不少学者对"中等收入陷阱"国家也做了深入的研究。如何实现制造业强国始终是一个热门议题，这种讨论和研究对我国经济发展具有重要的现实意义。本书从企业的实际状况出发，深入分析了一般企业普遍存在的问题，以及问题背后的问题。一般企业就是多数企业，多数企业更代表一个国家实际情况，因此研究一般制造业企业和多数制造业企业的问题，就是研究这个国家制造业的普遍性和带有根本性的问题。

  文化是某区域社会中大部分人共同凝结的一种思想，经济发展归根到底是文化问题。当今研究企业、研究企业文化的人很多，研究工业文化、制造业文化的人少之又少。企业文化研究一般都集中在优秀企业的企业文化，优秀企业是少数企业，只代表企业中的特殊事例而不具有广泛性，研究企业文化本身只局限于企业，因此又存在局限性。工业文化、制造业文化和企业文化有很大不同，需要拓展时间和空间，时间就是历史的跨度，即从农业文明向工业文明、农业文化向工业文化进化过程中去看两种不同文化的差别及影响，把握过去、现在、将来的关系。空间就是从不同地域、国家之间以及从政府、社会、企业角度去看文化的差别和影响，把握局部和全局的关系。

  本书从一般企业的角度，从历史和空间的经纬度出发，寻找我国制造业存在的问题，从而提出最优赶超路径和模式，为我国实现制造业强国拓展了一个新的视野。

导 言
PREFACE
先进制造业文化

当前,中国的经济发展正处于推进全面改革的攻坚克难阶段,从改革开放后到2012年,中国的经济每年以10%以上的速度高速增长,2012年之后增速放缓并逐年下行,因此,如何提高增长速度和质量已经成为中国经济发展的重大议题。在这个问题中,"中等收入陷阱"相关讨论已经成了绕不过去的"坎"。对于中国的经济发展,已有许多专家学者经过各种思想碰撞而引发的社会上的广泛讨论。现在,人口数量红利已经消失,投资拉动的边际效应日益明显,消费受到收入增长的制约,技术的简单转移也走到了尽头,由于多种因素的影响,经济全球化拉动日显乏力,"中等收入陷阱"的各种经济因素影响也开始在中国显现出来。按照目前世界银行评价体系的标准,我国跨越中等收入、进入高收入国家的行列并无太大悬念。现在的问题是我们的目标是到2035年人均国内生产总值达到中等发达国家水平,到2050年制造业综合实力进入世界制造强国前列,这就要求中国的经济必须实现高质量发展。

2000年以来,我国政府始终把质量、效率、效益、自主创新、供给侧结构性改革作为中国经济结构调整、优化升级和经济增长方式转型的主攻方向和突破口,并以此来保持经济长期可持续发展。2016年

12月14—16日召开的中央经济工作会议中提出"增加微观主体内生动力,提高盈利能力,提高劳动生产率,提高全要素生产率,提高潜在增长率"。从目前的情况来看,中央的宏观层面主导思想并没有在微观企业层面得到很好推动和落实。2018年中国制造业的平均利润仅为2.59%,[①] 这就产生了一个问题:制造业的问题出在哪里?

21世纪,中国制造面临着机遇和挑战。2008年全球金融危机后,以美国为首的西方发达国家提出了重塑制造业竞争优势,从而引发了第四次工业革命。

21世纪,移动互联网、人工智能、大数据、云计算、嵌入式系统和数字制造技术及智能制造系统深度融合,智能化、无人化、少人化、长时间不间断连续工作,带来的是人和机器之间的竞争。21世纪的经济发展过程和形式将出现重大转变,经济和社会将发生重大转折,这是一场关乎国家命运的赛跑。世界各国包括中国的制造业都面临迫在眉睫的挑战。中国制造"三步走"战略是关乎国家生死之战,也是中国制造业的国家使命。

正因如此,美国把中国作为最主要的战略竞争对手,不惜一切代价,在贸易、科技、金融、政治、经济、文化、军事等领域全方位打压和围堵中国,其最终目的是阻止中国成为制造业强国,维持美国的全球霸权。

科技是推动社会发展的最重要动力,中兴通讯虽然处于世界通信第四的位置,但由于缺少核心技术,在美国的打压下,一夜之间面临困境;而华为用自己的核心技术,不仅顶住了美国举国之力的围剿,还以芯片"备胎"技术对美国利益形成威胁。相同遭遇,不同结果,使中国相关专家的注意力和社会舆论焦点都集中到了"核

---

① 工信部副部长. 中国制造业企业平均利润仅为2.59% 盈利水平有待增强[EB/OL]. 快科技,2019-09-01.

心技术"上，基础研究、应用研究，更是成为当前中国经济转型升级的关键词。这样的结果是理所当然的，但这不是问题的全部，我们需要先从科技和管理两个方面来分析。

技术的自然属性是技术独自具有的固有属性，技术本身不是先天存在的产物，它是在人与自然的物质关系中后天生成的。技术的自然属性具有物理性，技术的特征在符合其存在的物质特定条件上，具有重复性、稳定性，但是生产要素（人、机、料、法、环）在不同的管理过程中是非确定的，产品的技术功能的重复性、稳定性以及形成过程的成本、效率都取决于管理，而管理则具有非确定性，因此，只有保证管理过程的确定性，才能获得技术属性的确定性。我们必须认识到科技的重要性，技术是源头，没有技术，发展和生产就是无米之炊，但技术不是充分条件，技术和管理都是必要条件。管理是科技的有效支撑，技术是竞争力，管理是竞争能力。

科技是国家竞争力，特别是面对当前以美国为首的西方各国在高科技领域对中国的打压和封锁，我们必须集中资源，在关键核心科学技术上取得突破，这是中国国情的特殊性所决定的。但从中国经济结构调整和转型升级角度来看，还存在普遍性因素。我们面临的国内经济是多样性的，要具体问题具体分析，要充分认识到不同行业产业、不同的发展阶段的主要问题都是不同的。技术和管理是矛盾主次的两个方面。在矛盾的处理中，我们要牢牢把握问题导向、目标导向、结果导向。我们不仅要高度重视基础研究、应用研究，同时也要高度重视企业的开发研究，更要研究如何把科技成果转化为商品、品牌并形成具有竞争力的市场生态。一切工作最后都要落到结果上，我们在重视科技创新的同时，也要重视管理创新，正确把握创新的整体思维、结果思维。

从技术和管理两个问题出发，我们想提出的是，在追赶和超越西方发达国家的过程中，要知晓哪些要素具有核心竞争力，哪个要素是最重要的核心竞争要素，从而使我们走一条最优赶超路径，选择一种最优赶超模式，这就要求我们从问题导向、目标导向、结果导向来看问题，从全局和局部的关系来看问题，从中国的国情出发来看问题。

寻找自己的问题。改革开放后，我国经济规模迅速壮大，几十年来以前所未有的生机和活力快速发展。2018年，我国制造业增加值占世界份额的28%以上。改革开放40余年来，我国建立起门类齐全的工业体系，制造业GDP跃升为世界第一。但是制造业仍有待做强做优也成为大家的共识，企业产品的质量、效率、效益显著低于发达经济体，出现了低端产能过剩、有效供给不足、不能适应消费结构升级等问题。

20世纪七八十年代，日本产品横扫欧美市场，但日本并没有在技术上做到美国人那样的创新，其成功主要得益于管理和特有的文化。其全面质量管理代表了质量，精益生产代表了效益和效率，引进消化吸收再创新即根据市场情况做进一步的改善代表了技术。当一个产品在质量、价格和性能方面都表现出竞争优势，其成功就是理所当然的了。

日本是一个岛国，市场太小，要成为制造大国，眼光必须放在欧美市场，与欧美产品竞争。中国是一个大国，是世界上最大的市场，中国许多企业把眼光首先放在国内，降低了竞争起点，而与国内产品竞争，又选择了价格竞争的道路，结果价格越来越低，产品质量越来越差。低价竞争使中国企业不重视研发，过度低价竞争危害了中国企业。国内企业的这种竞争模式，恶化了整个行业的生态环境，拉长了中国产品技术和质量的提升周期。

国内不少企业过分追求速度，牺牲的是质量，很多企业把科技创新停留在引进和仿制上，缺少再创新，企业新产品研发设计快，试制过程快，直接转入生产快，推出市场快，早期故障出现得也快，导致

导言

企业的产品一边卖一边改。这种浮躁的、急功近利挣快钱的心态和思想普遍存在。

20世纪初至今，世界企业管理理论在实践的基础上取得了巨大进步。从全面质量管理、精益管理到六西格玛管理再到卓越绩效管理各有侧重点，又都在原基础上不断进步和升华，为世界各国企业所接受运用，并帮助很多企业获得了前所未有的成功。相比较而言，美国、德国、日本的企业提倡管理的全员参与、全过程控制、全方位推进，通过细节把过程做到了极致，通过极致成就了员工的工匠精神，使企业在创新管理上全面领先于其他国家。

而我国多数企业往往把先进管理作为一种运动、一种跟风、一种表面化形式，不能沉下去扎扎实实地落实，不能十年、二十年乃至更长时间持久开展。中国很多企业虽然也开展了全面质量管理，部分企业开展了精益管理、六西格玛管理和卓越绩效管理，但是由于存在"差不多"和"马马虎虎"陋习、"随便"陋习、"取巧"陋习，企业的上述管理从上到下往往仅是走过场，越到底层、越到边缘，越看不到管理的影子。管理过程最重要的是全员参与、全过程控制、全方位推进，而我们最缺少的恰恰就是"全"。在企业运营中，产品在设计研发过程、新品试制过程、可靠性试验过程、生产制造过程、用户使用过程中的全面质量管理、全面信息反馈，以及以数据统计为依据的质量分析都存在过程管理缺失，尤其缺少顶真的细节，这就形成了无数的质量黑箱、效率黑箱、效益黑箱。所谓黑箱，就是企业经营者不知道、管理者不知道、企业员工也不知道的情况。

这是中国制造普遍存在的问题，普遍存在的问题背后一定有其原因。从哲学角度看，问题越多、越普遍、越复杂，其背后就越可能存在根本性的原因——文化，缺乏工业文化，缺乏先进制造业文化。这也是经济结构转型升级长期达不到预期效果的原因。企业普遍存在急功近利、浮躁心态及"差不多"和"马马虎虎"陋习、

"随意"陋习、"取巧"陋习，这是中国制造业追赶和超越国外先进制造业的最大障碍。文化是起引领作用的，落后的文化如果不能根除，就只能产生落后的制造系统。当前，我国经济转型升级矛盾的主要方面在微观层面，而微观层面的问题首先是内生动力不足，这是与制造业文化紧密关联的。

企业的物质资源、核心产品、核心技术、人才、制度、管理都是单独的资源因素，在一定范围内具有核心竞争力的特征，但不能代替核心竞争力的全部。只有文化既是各种核心竞争力的根基和源泉，又具有整合竞争要素的能力。现在对企业核心竞争力的普遍认识是：企业内生的、能给企业带来持续发展的、难以模仿的、能综合多种资源的能力，这些要素指向的都是文化。

中国制造呼唤先进制造业文化。科技部原部长徐冠华说：文化是科学进步的母体，是经济社会发展的先声，先进生产力的出现不以人的意志为转移，它总要寻找它的落脚点，而且往往是在最适宜的文化环境里突破。一个社会的文化氛围不仅会影响科技知识和成果的出现，更会深刻影响到科学知识的传播以及科技成果向现实的转化。

工业化的历史告诉我们，创新能力强弱转换的结果，无不包含着深厚的文化根由。为什么新的工业革命不是发生在初始科技和经济领先的国家？我们还可以追问：同样制度体系下，为什么不同国家的科技创新会有不同的结果？有很多学者对这类问题做了深入分析，结论都不约而同地指向文化环境这一潜在的、深层的因素。

关于文化生产力，我们可以把文化比喻为一个社会运动的软件，如果这种行为方式与经济发展所需要的行为模式不符，就会成为经济发展的障碍；如果这种行为与经济发展所需要的行为模式相符，则将大大加快经济发展的速度。因此，先进制造业文化能够成为一个国家、地域和企业的共识和行为，经济即使当下落后，也可以在一定时期内通过努力迎头赶上。这也是马克思所说的，经济基础决定上层建筑,而上层建筑对经济基础也起着反作用。

在经济发展过程中,由于制度的开放,劳动力转移、技术的变迁、资本的流动都可以在较短的时间内产生,低收入国家可以快速进入到中等收入国家行列,这仅仅是经济表现出来的外在的动力优势。经济表现出来的外在动力,能较好地解决经济发展前半程的主要矛盾。当经济进入后半程,人口数量红利已经消失,投资拉动的边际效应日益明显,消费受到增长的制约,技术的简单转移也走到了尽头,工业的进一步增长就需要通过提高效率和效益来支付更高的工资成本,通过高质量发展进入高收入国家。但实际情况是,不利于制造业发展的各种落后的文化现象和陋习阻碍了经济高质量发展,在经济发展前半程它们是隐形的、次要的矛盾,但经济进入高质量发展阶段就成为发展的主要矛盾,而经济发展前半程的其他发展要素就转化为次要矛盾,认识不同发展阶段主要矛盾和次要矛盾相互转化,用新发展理念指导经济增长方式,才能获得高质量可持续发展。这时候需要国家和企业的内生动力来获得经济增长。

内生动力的文化进化则往往需要漫长的时间才能调整适应,如果一个国家的先进制造业文化不能适时得到调整,不能获得经济内在动力优势,这个国家往往会陷入"中等收入陷阱"。文化进化是指新的思想的形成过程,是文化发展的质的变化。文化进化可以表现为缓慢渐变,也可以是一种突变,而中国经济结构和增长方式的转型升级就需要一种文化进化的突变即文化的跃迁,这个突变和跃迁就是先进制造业文化在较短时间内全面提升和落地。

文化生产力包括文化的物质生产和文化生产。文化对物质所产生的变革作用,作为意识形态影响人们的观念从而影响人们的经济行为,这种影响具有内在性、隐蔽性和持久性特点,即物质生产力的精神文化因素,我们把它称为物质层面的文化生产力。以文化本身为生产对象而进行生产活动的能力,即通过精神文化活动本身的产业化、市场化生产文化产品和提供文化服务的功能，我们称为文化层面的文化生产力。目前我们对文化的理解存在偏差，把文化改革的重点理解为文化产业改革，而轻视了文化对物质生产的影响。

文化是决定和影响经济发展最长久、最根本的动因，我们必须从宏观上审视文化与经济的内在关系。兴旺发达的城市和地区，往往是文化最活跃、碰撞最激烈的地区，文化的流动不断催生文化的分解、融合和创新，推动着文化新旧形态的转换，而没有文化流动或文化流动很少光顾的地区，往往是落后地区。落后的经济背后是落后的文化。经济落后地区的人总是有一种保守和不思进取的心态，小富即安、墨守成规，其根源就是他们保守的文化和不开放的僵化思想，被陈旧的传统观念所束缚。文化构建的是环境，创新活动则是系统。创新已成为我国经济发展的总路径，文化创新是最高层面上的创新，文化创新又推动着全面创新，使国家、地区、企业内部达成求新思变的共识，营造出敢于创新、宽容失败的氛围，努力打造学习型组织，从而获得持续发展。

从微观上看，企业文化不仅是企业实践的产物，而且作为一种观念形态反作用于企业实践。企业经营管理的好坏成败，取决于企业经营哲学和管理理念。没有新思维、新观念的指导，企业就无法取得成功，因此我们可以说，企业文化是企业成功的内在思想形态的核心。

打造先进制造业文化的关键在于要落地。落地指的是落地生根，即整个制造业系统，每个企业的员工，都能把先进制造的企业文化所倡导的理念转化为一个个创新的行为和结果，这其实是一个如何实现"言行一致、执行到位"结果导向的管理。企业文化落地可以在思想层面加快其他各项竞争要素的形成机制和落地机制。

中国需要企业家经济。一个国家的经济首先取决于一个有为的政府，需要政治家、科学家、企业家、经济学家和全体公民的共同努力。政治家和政府创造宏观经济的活动环境，至于市场中千万家企业

导 言

从无到有，从小到大，并成为市场经济中的佼佼者，则需要成千上万的企业家群体。企业家不直接从事技术创新，但企业家却是技术创新的决策者、技术创新的管理者，是提高企业组织效率和质量的运筹者和技术创新转化为商品的完成者。

纵观整个世界历史上的繁荣阶段，西方发达国家的繁荣最重要的一个驱动力量源于社会出现广泛的自主创新，自主创新的背后是企业家群体的崛起，从而形成了真正的企业家经济。企业家经济的出现不仅是一个经济和技术问题，更是一个文化问题，文化体现了社会的整体行为方式。

如今，我们国家大力倡导工匠精神，这种精神需要落地，这个"地"首先是企业。当前，我们的社会和企业缺乏工匠精神的文化土壤，工匠精神是企业文化的一部分，要打造工匠精神，首先要打造企业家的工匠之心，只有企业家具有工匠精神的思想理念和行事风格，才会宣传工匠精神、示范工匠精神、落实工匠精神、激励工匠精神，从而使工匠精神落地。

从企业文化出发，我们还要以更广的视角来分析行业文化、产业文化、制造业文化和工业文化，制造业文化是工业文化的内核，工业文化则在更大范围内反映了企业文化。工业文化可表现为观念形态、制度形态、物质形态等，制度形态、物质形态可以在较短时间内获得进步，而观念形态的进步则是缓慢的。两千多年来，中国一直处于农业文明时代，中国社会没有经历过较长时间的工业文明阶段。当前，中国工业文明只有70年的历史，这段时间也是农业文明与工业文明相互碰撞和相互交融时期。中国工业文化观念受到传统农业文化观念形态的影响和制约，将阻碍中国经济转型升级。

从一个国家和地区来看，制造业文化的形成要素与自身传统历史文化、工业化所处阶段，制造业演进过程的文化变迁和变革相关。制造业文化的价值观是构成制造业文化最为核心的部分，由于历史不同，自然环境不同、信仰不同、行为习惯不同，对制造业的理解和接受不同，制造业的价值观自然也不同，这种不同的价值观形成了各个国家、地区制造业文化的差异性，它以隐形的方式存在于特定的社会群体与组织当中，并外化为劳动者的思想方式和行为方式。对先进制造业文化的认识有一个从浅到深、从量变到质变、从自发到自觉的过程。在制造业强国，对先进制造业文化的认识已经实现了多数企业的自觉和少数企业的自发，在制造业大国，对先进制造业文化的理解上还处在少数企业的自觉和多数企业的自发阶段，这就是二者在制造业结构和制造业模式方面存在差别的原因。

目前社会普遍存在的浮躁心态和挣快钱思想，表明我们的市场心态还不成熟。由于市场经济只有短短30年时间，企业经营管理队伍参差不齐、优劣不等情况突出，从整体上说，我们的企业对工业文化、对先进制造业文化精神的深刻认识仍显滞后。因此，建设先进制造业文化、工业文化，培养和造就更庞大的企业家队伍已刻不容缓。

国家层面对制造业提升提出了"三步走"战略，其中最关键的是"第一步"。第一步的战略关键是"制造业整体素质大幅提升，创新能力显著增强"。整体素质中，首先是制造业队伍的思想文化素质，是企业家队伍素质，是企业家的创新精神，如果不在这一层面下气力，恐怕战略规划的实现就会有问题。

先进制造业文化需要国家的顶层设计。我国"十四五"规划和2035年远景目标纲要中指出，"'十四五'时期推动高质量发展，必须立足新发展阶段、贯彻新发展理念、构建新发展格局"，"贯彻新发展理念为把握新发展阶段、构建新发展格局提供行动指南"。贯彻新发展理念，首先要破除不利于制造业发展的各种落后的文化现象和陋习，在经济发展前半程，它们是隐形的、次要的矛盾，但经济进入高质量发展阶段，它们就成为发展的主要矛盾，其制约着经济其他要素的存在和发展。因此通过先进制造业文化创新切实转变经济发展方式，推动质量变革、效率变革、动力变革,推动经济高质量发展。企业文化建设的主体是企业,企业家起主导作用;制造业文化建设的主体是国家,政府起主导作用。政府在经济工作中不仅要注重抓宏观、抓战略、抓前瞻,同时也要注重宏观战略和微观执行得以落地的管道建设,避免出现强宏观而弱微观的情况。企业家队伍建设和先进制造业文化是对企业既具有普遍性又具有引领性的关键要素,是微观经济中的牛鼻子,是牵一发而动全身的软实力,是政府与市场的看得见的手与看不见的手之间的关键"接口",高度重视、牢牢抓住这个关键"接口",才能使国家宏观发展战略思想在微观主体层面真正落地。

在改革开放初期,我党就提出"两个文明"建设一起抓,即物质文明和精神文明建设"两手抓""两手都要硬",建设中国特色社会主义的战略方针。很多人把"两手抓"理解为物质文明和精神文明分别属于两个方面、两条主线,分别由两套班子来抓,切割了物质文明和精神文明的内在联系,形成制造业制造和制造业文化相隔离的状态。

我国中观层面政府经济主管部门都以建设"硬实力"为主要职能,如果建设"软实力"这个重要环节的创新问题不能解决,弱微观就成为经济可持续发展的坎,最优赶超路径就会丧失。

先进制造业文化推进是大事,是关乎我国经济转型升级的大事,是关乎我国综合实力进入世界制造强国的大事,是关乎实现伟大中国梦的大事;先进制造业文化推进又是难事,有旧思想、旧习惯的阻力,有不易立竿见影的政绩观的影响,还有形式主义、官僚主义的干扰;先进制造业文化推进还是新事,没有可以借鉴的经验,没有可以度量的标准。改革和创新是永续前行的动力,在大事、难事、新事上创新,其后必有大机遇、大收获,因此先进制造业文化需要顶层设计,需要以习近平新时代中国特色社会主义思想为顶层设计的指导思想,从纵向到横向全方位动员,推进先进制造业文化和先进企业文化两个维度的文化改革和文化改造，通过"实践、认识、再实践、再认识"，形成具有中国特色的社会主义先进制造业文化和先进工业文化体系。这种文化跃迁的变革，不仅具有经济史的意义，而且具有世界文明史的意义。

现在世界正处于"百年未有之大变局"。当前世界格局的形成来源于西方早期科技进步与工业化转型，从而形成以西方为主导的经济霸权、军事霸权、金融霸权和国际话语权。在中国共产党领导下，中国经济的快速崛起正在动摇西方霸权的基础，正在影响国际格局、现代化模式、人类文明的走向。经济基础决定上层建筑，上层建筑反作用于经济基础。中国共产党领导下的中国经济是对马克思理论的伟大实践，对世界政治、经济、历史、文化均有重大影响。实践是认识的基础，是认识的来源，是认识的动力，是检验真理的唯一标准，中国共产党正是这场伟大实践的担当者。中国共产党代表中国先进生产力的发展要求、代表中国先进文化的前进方向、代表中国最广大人民的根本利益，在中国共产党领导下推进的先进制造业文化，在中国经济崛起的过程中承载了"百年未有之大变局"中的历史意义。

习近平总书记告诉我们，伟大事业都"始于梦想""基于创新""成于实干"。[①] 在实现制造业强国的过程中，我们应该迎来中国制造业文化的大变革、大发展。一个国家、一个民族的强盛，总是以文化兴盛为支撑的。

我为什么写这本书？我是企业界的普通一员，一直专注于所在企业发展的思考、学习和实践。在长达30年的企业经营管理过程中，对制造业经营管理的理解，包括企业技术创新、管理升级、文化进步，经历了一个从点到面、从浅到深、从自发到自觉的过程，

---

① 习近平总书记2019年2月20日在北京人民大会堂会见探月工程嫦娥四号任务参研参试人员代表时的讲话。

导　言

在这个过程中既有经验也有教训，既有成功也走过弯路。我深刻地认识到企业的成功最关键的作用是制造业文化的进步。同时，我的体会是，企业在经营管理中，缺少有序进步的机制，缺乏先进制造业文化的引领，单靠自我进化是不够的。

我不是学者，也不是经济学家，我写这本书的动力来自内心深处的体会，希望能为国家再做一点微薄贡献。

我身处企业，优势是对企业有深刻的了解和切身的体会，更了解微观问题，更容易从微观经济中发现问题。宏观、中观、微观都是国民经济系统中的子系统。供给侧结构性改革和质量效益转型的主要矛盾或矛盾的主要方面在哪里？主要在于微观，而微观层面的问题首先是内生改革动力不足，这与制造业文化紧密关联，与理念、价值观和创新视野相关，这些领域恰恰是我们的弱项。中国的问题必须要从中国的实际情况出发，这是我下决心写这本书的直接原因。

宓仲业

目录

1 改革与开放之路 /1

1.1 改革开放是决定中国命运的伟大抉择 /3
1.1.1 发展是硬道理 /3
1.1.2 制造业的重要性 /5
1.1.3 我国制造业从无到有,从有到大 /8

1.2 制造业强国之路 /11
1.2.1 制造业强国战略 /11
1.2.2 做大和做强 /13
1.2.3 "质量效益型"的艰难转型 /14

1.3 关于"中等收入陷阱" /17
1.3.1 经济增长三要素 /18
1.3.2 "中等收入陷阱"背后的原因分析 /18
1.3.3 寻找中国制造业存在的问题 /21

2 中国制造业缺少什么 /27

2.1 历史的回顾 /29

    2.1.1　政府质量之手　/29
    2.1.2　政府科技之手　/31
    2.1.3　市场之手　/32
  2.2　中国制造业现状　/34
    2.2.1　大而不强　/34
    2.2.2　机床工业问题和差距　/37
    2.2.3　技术创新缺失　/39
    2.2.4　管理缺失　/42
  2.3　技术和管理谁更重要　/47
    2.3.1　成功者之例　/47
    2.3.2　技术属性和管理属性　/51
    2.3.3　科学技术和科学管理　/53
  2.4　中国制造缺少了什么　/56
    2.4.1　中国制造呼唤先进制造业文化　/56
    2.4.2　中外制造业文化背景差别　/57
    2.4.3　先进制造业文化缺失　/58

3　文化对各国制造业的影响　/63

  3.1　美国制造业文化主体特征　/65
    3.1.1　美国社会文化主体特征　/65
    3.1.2　美国企业文化特征　/66
  3.2　德国制造业文化主体特征　/69
    3.2.1　德国社会文化主体特征　/69
    3.2.2　德国企业文化特征　/70
  3.3　日本制造业文化主体特征　/73
    3.3.1　日本社会文化主体特征　/73

3.3.2 日本企业文化特征 /75

3.4 中国制造业文化主体特征 /78
   3.4.1 中国传统文化 /78
   3.4.2 传统文化对中国企业文化的影响 /80
   3.4.3 制造业文化"先天不足" /82

4 文化生产力 /87

4.1 文化与经济 /89
   4.1.1 文化进化与文化模式 /89
   4.1.2 文化与经济关系 /90
   4.1.3 文化的物质生产与文化生产 /92
   4.1.4 经济发展植根于文化土壤 /94
   4.1.5 制造业发展的内动力 /96

4.2 文化区域性决定生产力区域性 /100
   4.2.1 集群和集聚效应 /100
   4.2.2 区域文化与区域经济 /102

4.3 企业文化生产力 /105
   4.3.1 企业文化的核心竞争能力 /105
   4.3.2 企业价值观的引领作用 /107
   4.3.3 企业文化对经营决策的作用 /108
   4.3.4 企业文化核心竞争能力形成机制 /111

4.4 创新与企业文化 /115
   4.4.1 企业文化创新 /115
   4.4.2 企业文化对创新的引领作用 /117
   4.4.3 企业文化与创新的共同进化 /124

5 企业文化落地 /127

5.1 企业文化价值在于落地 /129
5.2 员工参与的一把手文化 /131
5.3 企业文化的组织建设 /133
5.4 企业文化的制度建设 /135
5.5 企业文化的领导力 /138
5.6 企业文化是以人为本的共赢平台 /141
5.7 企业文化与过程管理 /144
5.8 企业文化与项目平台 /148
5.9 企业创新文化 /151
5.10 企业文化的宣传路径 /154
5.11 中国制造业需要脱胎换骨 /158

6 中国需要企业家经济 /171

6.1 有效市场中的有为政府 /173
  6.1.1 政治家经济 /173
  6.1.2 政治家与企业家 /174
6.2 企业家经济 /176
  6.2.1 企业家与创新 /176
  6.2.2 企业家与企业 /179
  6.2.3 企业家与经济 /180
  6.2.4 企业家的人格品质 /182
  6.2.5 中国企业家代表 /183
6.3 谁来造就企业家队伍 /188
  6.3.1 培植尊重企业家的社会土壤 /188

6.3.2 加强对企业家的引导和培训 /190

6.4 企业家的自身修养和哲学修炼 /192
  6.4.1 企业家应有的特征 /193
  6.4.2 企业家的自身修养 /194
  6.4.3 企业家要学习哲学 /196
  6.4.4 学习毛泽东哲学思想 /200

6.5 谁来造就中国工匠 /204
  6.5.1 工匠精神的提出 /204
  6.5.2 工匠精神的文化因素 /205
  6.5.3 企业家工匠精神 /206

6.6 行业协会的独特作用 /208
  6.6.1 行业协会优势 /208
  6.6.2 国家创新系统 /210
  6.6.3 发挥行业协会作用，促进企业家队伍建设 /213

7 先进制造业文化需要国家顶层设计 /215

7.1 中国社会文化生态和企业文化生态 /217
  7.1.1 社会文化生态 /217
  7.1.2 企业文化生态 /221

7.2 先进制造业文化需要国家顶层设计 /226
  7.2.1 寻求最优赶超路径 /226
  7.2.2 先进制造业文化需要顶层设计 /230
  7.2.3 顶层设计和治理能力 /233
  7.2.4 伟大的时代需要伟大的思想 /236

参考文献 /239

先进制造业文化
中国制造业转型升级的必由之路

1 改革与开放之路

改革开放是我国社会主义现代化建设的强国之路。改革开放从党的十一届三中全会起步,经历了从农村到城市的改革,从经济体制到政治体制的改革,从计划经济到市场经济的改革,从对内搞活到对外开放的波澜壮阔的历史进程。

1.1 改革开放是决定中国命运的伟大抉择

改革使中国共产党从以阶级斗争为中心的革命党转变为以经济建设为中心的执政党。改革的实质就是要从根本上改变束缚生产力发展和社会进步的各种制度,以适应社会主义现代化建设的需要。

开放是彻底打破闭关自守的保守思想,由封闭型经济转变为开放型经济,引进外资,学习国外先进技术和管理知识及经验,参与经济全球化,从而发展自己的经济。

实践证明,改革开放的伟大实践史就是一个不断解放思想的过程。纵览世界历史,任何一个国家的大变革、大发展都以思想启蒙、思想解放为先导。解放思想说到底就是实事求是、与时俱进,使思想和新的实际相结合,使主观与新的客观相结合,从而不断开创事业新局面。

党的十八大以来,习近平总书记在国内国际不同场合进一步旗帜鲜明地宣示改革开放的决心,为中国"两个一百年"发展道路再次明确了方向。

1.1.1 发展是硬道理

邓小平提出的"发展是硬道理",既是一个非常深刻的命题,又是一个触及各个领域、带有普遍性的真理。"发展是硬道理"是整个社会主义建设的重大理论基础，对中国特色社会主义具有十分重大的理论贡献和实践意义，其突破了以阶级斗争为纲、公有制经济和社会主义计划经济思想观念，形成了以经济发展为中心，社会主义市场经济体制和以公有制为主体、多种经济共同发展的基本经济制度体系，为我们理解如何发展、为谁发展明确了方向。我国改革开放以来所取得的成就在很大程度上得益于"发展是硬道理"，始终坚持以经济建设为中心，"聚精会神搞建设，一心一意谋发展"的这一思想应该始终不渝地坚持下去。

"发展是硬道理"成为中国共产党长期执政的思想理念，这是中国共产党通过科学总结自身和其他执政党兴衰成败、经验教训从而概括出来的最为深刻的历史经验，关系到执政的物质基础和群众基础。

贫穷不是社会主义，中国是发展中国家，加快发展是保证中华民族屹立于世界民族之林的必然要求，发展经济是我国一切工作的重中之重。中国的改革开放正好抓住了世界经济全球化浪潮，抓住了发展的机遇。发展中国家如果不能抓住机遇，加快发展，随着科学发展和经济全球化，与发达国家的差距将越来越大，一旦失去机遇，将陷入"中等收入陷阱"。

社会主义发展的根本任务是解放和发展生产力。加快经济发展速度，提高经济发展质量是提高综合国力的客观要求，发展先进生产力和先进文化是实现最广大人民根本利益的基础和前提。

落后就要挨打，弱国无外交。中国的近代史、世界的发展史都证明，经济安全是政治安全、国家安全的保障，它关系到中华民族的兴衰荣辱，关系到中华民族在未来的国际地位，关系到国家的前途和命运。经济不发展就不能维护自身稳定，也就无安全可言。当代国际关系已进入霸权和反霸权时代，经济是硬实力，也是话语权。

2018年是中国改革开放40周年。40年来，中国经济焕发出勃勃生机，伴随着经济建设的突飞猛进，中国发生了翻天覆地的变化，人民生活水平不断提高,远远超过了历史上任何一个时代,这是人民群众得到实惠最多、生活水平提高最快的 40 年,是城乡居民生活实现由温饱到总体小康并向全面小康迈进的 40 年。社会保障事业从无到有,中等收入群体不断扩大,人民安居乐业、就业稳定,教育事业得到了快速发展。2020 年,我国实现了全国范围内的脱贫,中国全方位进入小康社会。

1.1.2 制造业的重要性

18 世纪中叶世界开启工业文明以来,世界强国的发展史和中华民族的奋斗史一再证明,没有强大的制造业就没有国家和民族的强盛。制造业是国民经济的主体,是立国之本、强国之基。制造业是社会财富的主要来源,是推动社会进步的引擎,是国民经济的脊梁和国家安全的保障,其本身是科学技术现代化的载体,也是转化为生产力的桥梁和通道,又决定了农业现代化和军事工业现代化的发展。具有国际竞争力的先进制造业已成为一个国家经济发展水平的重要标志,是决定我国在国际分工中地位的关键因素,是一个国家和企业竞争力的集中体现。世界经济、军事的竞争,归根结底是先进制造技术和先进制造能力的竞争,谁掌握了先进制造技术和制造能力,谁就能更好地占领市场,就能在市场中立于不败之地。发展先进制造业是我国提升综合国力、保障国家安全、建设世界强国的必由之路。

制造业是经济的基础产业。很难想象一个没有制造业或者制造业空洞的国家,在互联网领域,在软件和信息技术、金融行业能够长盛不衰。

没有制造优势的国家,必将与创新渐行渐远,因为制造业是创新生态系统中不可分割的部分。制造业衰退必将导致国家层面的危机,它会破坏整个经济生活的生态环境,如技术劳工在制造业生态圈中起着承上启下的作用,制造业衰退会导致在产品生产中的技术劳工的知识和经验的中断和消失，使高技术产品失去后援，使创新失去动力，最终将使社会经济生活蒙上浓浓的阴霾。

英国崛起于工业革命，是第一次工业革命的发源地，是第一个"世界工场"。英国的工业品曾经行销全世界，英国制造也曾经是优质品的代名词。从19世纪后半期开始，英国的金融业开始做大，英国的社会也开始发生变化，这些都不利于制造业的发展，因此工业开始衰落，而伦敦却成为世界的金融中心。并非巧合的是，大英帝国同时也不可挽回地走上了下坡路。

在英国人开始大玩金融的时候，美国人接过了制造业的接力棒，取代英国，成了世界超级工业强国。美国人干劲十足地修铁路、建钢厂、拉电网、造汽车、打造商船队……制造业突飞猛进。

在20世纪80年代，美国发生了类似英国当年的事情，美国金融高歌猛进，而制造业却开始衰退。

80年代出现了经济全球化。美国的精英认为，美国只要坚持高科技产品在本国生产，哪怕将传统制造业工厂全部转移到国外，也不会影响国家的整体经济。美国将中、低端制造业向国外转移，从工业转移出来的人口进入服务业，蓝领工人则在去工业化的过程中逐渐消亡。一方面，大多数服务业为低技能、低收入行业，加速了美国社会贫富两极分化，阶层流动趋于停滞，激化了社会矛盾。另一方面，导致了美国精神沦丧。再勤劳也无法致富，再接受教育也无法改变人生命运的情况，使美国的精英阶层可以"世袭罔替"，永远高高在上，而平民阶层只能随波逐流，逐渐沉沦。

"去工业化"给美国社会带来巨大的伤害。由于传统制造业的丧失，美国出现高额的贸易逆差。高科技阵地在21世纪到来之际也在悄然丢失。数据显示，美国高科技产品在2001年进入贸易逆差。受政策惯性的影响，高科技产品贸易占总贸易逆差的比例近年来还在继续扩大。自2000年到2010年，大约有6万家美国工厂倒闭，制造业在职人员数量从1700万减少到1100万。① 2008年的金融危机让美国看到了"去工业化"的后果。纵览世界列强变迁，可谓成于"工业化"，也败于"工业化"。

制造业是重资产行业，制造业企业就是每天和各种"物"打交道的企业。制造业对社会有更深入和更强烈的依赖。社会方方面面的条件、环境因素都会通过实实在在的"物"直接影响制造业。

比如，制造业企业对各种基础设施的依赖性更强。如果没有平稳的电力、水资源供应，没有充分物流保障的港口、高速公路、机场、铁路、信息网络，很多工业企业就不可能开办下去。

制造业不仅依赖于硬件基础设施，也依赖于社会的软环境，如制造业需要优秀的教育资源，需要高素质的工程师和高技能的员工队伍，需要先进的制造业文化，需要员工的集体主义精神和团队奋斗精神。

制造业对社会硬件、软件环境的依赖程度很高，这种依赖程度决定了制造业的环境条件，如果在不理想的环境下，制造业很难发展，至少不会大规模成功发展。

更进一步说，制造业所高度依赖的社会软硬件是国家治理的产物。国家治理能力是一个指标，好的国家治理能力表现在方方面面——内外部安全条件好、社会治安情况好、基础设施完善、教育事业发达、政治制度合理、国内市场兴旺、税收水平适当等。

所以，很难找到一个国家治理能力很差，但本土制造业却很发达的国家。几个制造业大国，如中国、美国、德国、日本都是国家治理能力强、各类基础设施水平高、软硬件环境都明显领先的国家。

也就是说，只要一个国家的制造业强大，这个国家的治理能力一定很强。而一个治理能力强大的国家，不仅制造业强大，其他方面也会有较好的发展。相反，如果一国治理能力下降，制造业一定会趋于衰落，

---

① 谢良兵. 工业化回潮，大城市扩容欲望再起[N]. 经济观察报, 2020-07-27.

而且衰落的也不会仅仅是制造业，这个国家的其他方面也会趋于衰败。

1.1.3 我国制造业从无到有，从有到大

1949年，我国工业品种及产销量几乎为零。全年钢产量只有15.8万吨，只占当年世界钢产量的0.1%，我国连一颗螺丝钉都需要进口。没有自己的工业自然饱受欺凌，在第二次世界大战中，中国虽然付出了巨大代价，但徒有战胜国之名，却无战胜国之实，中国东北和原为中国领土的外蒙古的权益均由美国和苏联掌控。

新中国工业发展始于第一个五年计划时期，得益于苏联援建的156个重点项目为中心的694个项目组成的大规模建设工程，我国机械、电子、冶金、石化、发电、煤炭、钢铁、建材等均于此阶段开始发展。新中国第一代领导集体对发展重工业有着强烈的愿望和毫不动摇的决心，即便节衣缩食、忍饥挨饿，中国也必须建立完善的工业体系，建立强大的国防工业。1978年，我国已经建立起门类比较齐全的、独立的、比较完整的工业体系。全国几乎每个县都建立了农业机械厂，有很多县还建立了门类众多的化肥厂、水利机械厂，以及其他各类小型机械厂和日用品厂，为改革开放后的县属企业发展和乡镇企业发展打下了基础。

改革开放后，我国工业经济规模迅速壮大，以前所未有的生机和活力快速发展。40多年来，我国建立了门类齐全的现代化工业体系，跃升为世界第一制造大国。1978年我国工业增加值仅为1622亿元；1992年我国工业增加值突破了1万亿元大关；2007年突破10万亿元大关；2012年突破20万亿元大关；2018年突破30万亿元大关，比1978年工业增加值增长185倍。1990年，我国制造业占全球的比重为2.7%，居世界第九位；2000年上升到6%，位居世界第四；2007年达到13.2%，居世界第二；2010年占比进一步提高到19.8%，跃居世界第一；2018年我国制造业增加值占世界的份额高达28%以上，稳居世界第一，成为驱动全球工业的重要引擎。1980年，我国工业制成品占出口总值的

比重不足一半，2000年以后上升到90%以上。技术密集型的机电产品逐渐超越劳动密集型的轻纺工业产品成为出口主力，2017年，我国机电产品出口额为8.95万亿元，占我国货物出口总额的58.4%，高于同期传统劳动密集型产品20.1%的比重。①

在世界500多种主要工业产品中，中国有220多种工业产品的产量居全球第一。经过70年的发展，目前我国已拥有41个工业大类，207个工业中类，666个工业小类，形成了独立完整的现代化工业体系，是全世界唯一拥有联合国产业分类中全部工业门类的国家。②

中小企业获得蓬勃发展。改革开放以来，我国中小企业、民营企业由少到多，从小到大，在增加就业、促进创新方面发挥了独特的重要作用。截至2018年底，我国中小企业的数量已经超过3000万家，个体工商户数量已经超过7000万户，贡献了全国50%的税收、60%以上的GDP、70%以上的技术创新和80%以上的劳动就业。③

创新驱动发展。企业作为创新主体，不断加大研发投入力度，技术创新水平也在不断提高。技术创新已经成为促进我国持续快速发展的动力和源泉。2017年全国规模以上工业企业研发投入的强度由2004年的0.56%提高到2018年的1.06%。2018年，规模以上工业有效发明专利数达到93.4万件，比2004年增长了29.8倍。一些技术已经从过去的"跟跑"到"并跑"甚至向"领跑"迈进。发电设备、输变电设备、轨道交通设备、通信设备等产业都已经处于国际领先地位。④ 我国"神威·太湖之光"超级计算机的计算速度多次斩获全球500强榜首，我国航天航空技术、北斗卫星导航系统、第三代核电、"墨子号"量子科学实验工程、港口机械、巨型水电工程建设技术、建桥技术、掘进装备、深海载人潜水器等多个大国重器彰显了中国创造自主创新的实力。

回顾新中国成立70多年来的历程，我们的制造业之所以取得举世瞩目

---

①②③④ 工信部. 2018年我国工业增加值突破30万亿[N]. 中国网,新浪财经,2019-09-20.

的成就,根本上得益于中国共产党的坚强领导,得益于党中央始终把实现工业化作为国家经济建设的战略重心,高度重视工业与信息化革命的历史机遇,针对不同阶段的形势任务,制定并实施了正确的发展战略和政策举措。

1.2 制造业强国之路

1.2.1 制造业强国战略

2015年，我国提出制造业强国的宏大规划，从此中国开始了制造业由大变强的转变。该规划提出了"创新驱动、质量为先、绿色发展、结构优化、人才为本"的基本方针，制定了"三步走"的战略，大体每一步用10年左右的时间完成，从而实现我国由制造业大国向世界一流制造业强国转变的目标。该规划提出实施五大工程：制造业创新中心建设工程、智能制造工程、工业强基工程、绿色制造工程和高端装备创新工程。该规划提出制造业强国应大力推动十大重点领域突破发展，包括新一代信息技术产业、高档数控机床和机器人、航空航天设备、海洋工程装备及高技术船舶、先进轨道交通装备、节能与新能源汽车、电力装备、农机装备、新材料、生物医药及高性能医疗器械等十个重点领域。

实现制造强国目标，必须坚持问题导向，统筹谋划、突出重点；必须凝聚全社会共识，加快制造业转型升级，全面提高发展质量和核心竞争力。

在积极推进制造业强国战略的同时，我们对自身要有清醒认识，我国与美国、德国、日本等世界制造业强国相比，在自主创新能力、资源利用率、产业结构水平、信息化程度、质量效益等方面差距明显。我国制造业正处于由大变强、爬坡过坎的关键阶段，转型升级和跨越发展的任务紧迫而艰巨，推动制造业高质量发展是当前和今后一个时期经济工作的重中之重，这对于我国持续提升国际竞争力、实现"两个一百年"奋斗目标意义重大。

中国改革开放40多年来所取得的成就充分体现了党和政府治国理政的能力、高度和远见。

首先，紧紧抓住大有可为的历史机遇，牢牢把握以经济建设为中心、"发展是硬道理"的发展趋势的战略判断；其次，充分发挥中国特色社会主义制度的优势，这是中国发展的根本，是长远发展的制度基础；最后，坚持以人民为中心，以民为本，顺应历史潮流，这是人心所向。

在经济建设过程中，中国实施了中国特色社会主义经济，一方面毫不动摇地巩固和发展公有制，另一方面毫不动摇地鼓励、支持、引导非公有制发展。此外，正确处理好政府和市场的关系，首先提出使市场在资源配置中起决定性作用和更好发挥政府作用。

在社会主义条件下发展市场经济，是我们党的一个伟大创举。我国经济发展获得巨大成功的一个关键因素就是我们既发挥了市场经济的长处，又发挥了社会主义制度的优越性。坚持在社会主义条件下发展市场经济，就是要通过坚持社会主义制度优越性，有效防范资本主义市场经济的弊端。在社会主义基本制度与市场经济的结合上下功夫，就是坚持马克思主义辩证法、两点论，把两个方面优势都发挥好，既要"有效的市场"，也要"有为的政府"。

工业是现代化的核心，制造业做大做强是中国完成工业化进程的必由之路。在新的历史时期，党中央以全球视野和战略眼光，立足治国理政，全面提出实施制造强国战略，全面开启了中国制造由大变强之路。

1.2.2 做大和做强

中国在多个领域成为全球同行中的规模冠军,如何引领创新成为新的挑战,"做大"不代表"做强",尽管"做强"一定表现为市场份额的扩大,但规模并非做强的本质。

有一个词叫"强大",表达的是两个意思:一是强比大更重要;二是成长的路径,要做大首先需要做强。在企业发展状态上,现在我们有一个约定俗成的说法叫"做大做强",做大在前、做强在后,因为大家都这样说,就变成了共识。地方政府需要的是大,需要GDP,因为是否真的"强",一般局外人不了解。做大做强的说法会误导企业的经营思路。

企业发展状态有三个方面:做大、做强、做长。企业正确的发展路径的逻辑关系,也就是企业发展路径按重要度要素排列,应该是做强、做长、做大,这是制造业的生存哲学。只要确保核心竞争力优于同类企业,并在变化的市场环境下能准确地调整把握发展方向,在市场竞争中保持不败,有了做强和做长,小企业也能成长为大公司。如果没有核心竞争力,大公司也会衰落。当然,出现做大的市场机遇,抓住机遇的窗口期十分重要,但是机遇不能代替正确的经营原则。

一个企业活下去是最重要的。100多年前,纽约证券交易所开盘,选取了十几家当时最大的公司编制道琼斯指数。100多年过去了,通用电气成为2018年最后一家被移出道琼斯指数的公司,其余公司早已成为过眼烟云。"做强、做长、做大"企业发展路径,应成为每一个公司的经营思想的座右铭。

做大必须向做强转型。对中国制造业来说,就是从跟随模仿者到赶超者再到领跑创新者的角色转换。我们需要清醒认识到时间问题,赶超的路径问题,产业升级的结构性问题,以及从思想、文化、行为、模式上如何实现各产业行业领跑者的创新角色转换。

中国工业和信息化部部长在全国政协十二届常委会第十三次会议上对我国制造业现状进行全面解读时指出，在全球制造业的四级梯队中，中国处于第三梯队，而且这种格局在短时间内难有根本性改变。

中国制造业在集成电路、高端数控机床、高端功能部件、高分子化学材料、航空发动机、仪器仪表、高端医疗设备和耗材方面与发达经济体还存在明显差距，也非常依赖进口。我国制造业正处于由大变强、爬坡过坎的关键阶段，从制造大国到制造强国还有很长的路要走，一个重要的问题是如何缩短这一时间，以较低的成本和较小的风险，取得比发达国家更快的经济增长，用什么路径尽快实现制造强国的目标。

1.2.3 "质量效益型"的艰难转型

表1-1 2018年上市公司金融、房地产行业与上市公司总体年报数据

	营业收入/亿元	净利润/亿元	营业收入利润率/%
金　融	77078.26	18174.87	23.58
房地产	20016.84	1959.24	9.79
其他企业	370450.52	16000.73	4.32
总　计	467545.62	36134.84	7.73

资料来源：根据万得资讯2018年度上市公司年报相关数据编制而成。

从表1-1中可以看到，中国金融行业和房地产行业（不含建筑业）的营业收入占上市公司的20.77%，而利润占上市公司的55.72%，其他所有企业的利润总和只占了44.28%，其中还含有许多大型企业进入金融和房地产的收益，真正主业的收入利润还低于表1-1中的净利润。

2019年举办的中国500强企业高峰论坛上，工信部副部长王江平表示，中国制造业企业的平均利润仅为2.59%，低于中国500强的4.37%，更远低于世界500强企业的6.57%。这也说明，生产要素对制造业的支撑还存在不足，制造业对生产要素的使用效率还不高。

在 2017 年 2 月举办的"首届中国企业改革发展论坛"上,中国社科院原副院长李扬指出,在劳动生产率方面,我国与发达经济体有相当大的差距,而只有缩短这个距离,我国才能真正缩小与发达经济体的差距,进而真正跨过"中等收入陷阱",并在全球经济中提升企业竞争力。

李扬称,中国的劳动生产率显著低于发达经济体,所以中国的制造业并没有效率优势。"中国的劳动生产率相当于美国的 19.8%,相当于日本的 21.3%,相当于德国的 24.8%,基本上是 1/4、1/5 的概念,差别还是非常大的"。

近 20 年来,每年的《政府工作报告》都提出:坚持以经济结构调整为主线,转变经济发展方式,着力提高经济增长质量和效益。2003 年《政府工作报告》提出:"我们注意把各方面主要精力引导到调整结构、提高经济增长质量和效益上来,努力实现速度与结构、质量、效益相统一。"2008 年《政府工作报告》提出:"推进经济结构调整,转变发展方式,坚持把推进自主创新作为转变发展方式的中心环节,更加重视调整经济结构和提高发展质量。"2013 年《政府工作报告》提出:"引导各方面把工作重心放到加快转变经济发展方式和调整经济结构上,放到提高经济增长的质量和效益上,推动经济持续、健康发展。"2018 年《政府工作报告》提出:"大力推进改革开放,创新和完善宏观调控,推动质量变革、效率变革、动力变革。""全面开展质量提升行动,推进与国际先进水平对标达标,弘扬劳模精神和工匠精神,建设知识型、技能型、创新型劳动者大军,来一场中国制造的品质革命。"在创新驱动方面提出:"加快建设创新型国家。把握世界新一轮科技革命和产业变革大势,深入实施创新驱动发展战略,不断增强经济创新力和竞争力。"从中可以看出,我国政府始终把创新、质量、效益作为中国经济转型升级和结构调整的突破口来保持经济持续稳定增长。

2015 年中央经济工作会议提出:"稳定经济增长要更加注重供给侧

结构性改革。"什么是结构性改革？我国改革开放一直以扩大投资、消费、出口"三驾马车"来拉动经济，从经济学角度看，属于需求侧的三大需求，与之对立的供给侧则聚焦生产要素的供给和有效利用，主张通过鼓励创新和结构升级推动经济长期可持续发展。

2016年中央经济工作会议中提出，"主攻方向是提高供给质量，着力提升整个供给体系质量，提高供给结构对需求结构的适应性"，"要加强激励、鼓励创新，增加微观主体内生动力，提高盈利能力，提高劳动生产率，提高全要素生产率，提高潜在增长率"。

从中央的经济工作会议的内容可以看出，中国的经济发展从需求侧经济结构改革转移到供给侧经济结构改革，把创新驱动具体到科技创新、管理创新、组织创新和生产创新的全要素生产率和劳动生产率，着力提高经济的质量和效益，明确指向微观经济层面，即以企业为主体内生动力的变革。

多年来，中央的宏观发展战略思想和中国经济在实际运行中存在质量、效益的不尽如人意，表明经济结构调整转型艰难。宏观经济政策的调整，必须落实在微观经济运行的质量、效率和效益上，这是达到整个经济系统运行效果的"关键点"，对"关键点"的研究要以问题为导向，找出存在的问题，找出其普遍的、具有共性的问题，通过创新使共性问题得到改善和解决，实现经济的跨越发展。

1.3　关于"中等收入陷阱"

按照世界银行的分类，人均 GDP 低于 1045 美元为低收入国家，在 1045～4125 美元为中等偏下收入国家，在 4126～12735 美元为中等偏上收入国家，高于 12735 美元为高收入国家。国家统计局数据显示：2018 年中国国内生产总值（GDP）为 90.03 万亿元，按平均汇率折算，经济总量达到 13.6 万亿美元，人均 GDP 约 9780 美元。2018 年中国（不包含港澳台地区）人均可支配收入为 28228 元。

经济增长分为不同的阶段，每个阶段所面对的问题不同，需要具备相应的条件才能实现阶段性突破。

"中等收入陷阱"的概念最初并没有严谨的理论逻辑分析，更多是依据经济现象观察。拉美地区和东南亚一些国家经历了昙花一现的经济高速增长后陷入经济停滞。在相当长的时间里，"中等收入陷阱"的案例主要集中在拉美地区，包括巴西、阿根廷等多个拉美国家，在几十年甚至是上百年的时间里几经反复，始终没有真正跨过人均 GDP 1 万美元的门槛，这就说明一个追赶型的经济体如果不能完成向发达经济体的转换的话，就会陷入"中等收入陷阱"。

1.3.1 经济增长三要素

后发国家经济增长奇迹都与人口红利、投资红利和市场红利有密切关系。

第一个因素：人口红利。中国的人口红利在于劳动力转移，这是第一位的，中国人口劳动力从农村、农业转移到城市、制造业。如果笼统地说，二产和一产的效率差在十倍以上，所以只要是转移，就能顺利地实现效率的提高。从目前来看，我们劳动力的转移速度已经在放缓，当前劳动力之所以供大于求，就是因为我们能提供的就业岗位在逐渐减少。

第二个因素：投资红利。中国改革开放的市场需求和低成本的劳动力市场吸引了大量的国外资本进入。民营企业的崛起，撬动了社会民间资本大量进入市场，加快了经济发展。在2008年金融危机的影响下，世界各国包括中国政府的货币供应量超额发行，拉动了中国基本建设和企业固定资产增加，但结果是当前中国的投资过度积累形成过剩产能。

第三个因素：市场红利。中国是有14亿人口的大国，具有世界最大的市场资源，2001年底中国正式加入世界贸易组织（WTO），给中国出口拉动带来了历史性机遇。中国中低端极具竞争力的消费品和机电产品出口快速增长，有220多种工业产品的产量位居全球第一。2008年金融危机以来，世界经济发展速度明显放缓。经济全球化受到质疑，贸易保护主义抬头，出现中美贸易摩擦，世界经济下行，市场需求萎缩。

1.3.2 "中等收入陷阱"背后的原因分析

"中等收入陷阱"是指当一个国家的人均收入达到中等水平后，由于不能顺利实现经济发展方式的转变，经济增长动力不足，最终出现经济停滞的一种状态。

关于"中等收入陷阱"在各个国家的情况,由于地区不同、历史不同、文化不同、政治背景不同、经济基础不同,"中等收入陷阱"在各个国家的表现就不一样。其中拉美国家是陷入"中等收入陷阱"的典型代表。

贾康、苏享春(2016)在所著的《中国的坎——如何跨越中等收入陷阱》一书中把拉美地区陷入"中等收入陷阱"的原因归为五个方面:第一,历史制度遗留。长达300年之久的殖民统治导致拉美各国产品单一,扭曲了整个拉美地区的经济发展。第二,种族多样化。整个拉美地区的民族和种族构成十分复杂,复杂语种导致了交流的障碍和风俗化的隔阂,这也被认为是拉美经济受到严重阻碍的原因之一。第三,发展战略失误。借用林毅夫的观点,拉美的失误在于把经济发展战略定位于进口替代工业战略,作为一种半封闭的内向经济,发展模式长期僵化,歧视出口导致外汇短缺,重消费轻积累,资本积累水平不足以支持持续发展,是拉美经济体的普遍特征。第四,政治动荡不安。政治不稳定是拉美地区各经济体的普遍特征,主要源自民主政体与威权政体之间的不断更替,以及民粹主义政策与正统宏观政策之间的更替,这导致拉美国家始终不能够稳定在一种发展方向上,严重影响了本土和外来投资者的信心。第五,不当的福利赶超。拉美经济过早过急地照搬发达国家已经实施的社会福利制度,为了迎合选民争取选票,一味地迎合公众对福利的无限渴望,盲目地迎合选民的意愿。没有能够保持可持续稳定发展的后劲,掏空了经济发展和持续改进民生福利的基础。

在此书中,作者指出,中国经济发展与拉美地区有十分相似之处,都曾经历了30年黄金增长期,都面临经济飞速发展后的"疑难杂症",都具有多个民族与多元文化,都面临福利与增长之间的矛盾。同时,作者指出,经济学中既有后发优势,也有后发劣势,即后来者对先行者的赶超通常会表现出两种形式：一种是对技术和工业化模式的模仿，另一种是对制度的模仿。其中对技术和工业化模式的模仿相对容易，而对制度的模仿比较难。更多的发展中经济体实际上更注重对技术的模仿以及对工业化进程中所选取模式的学习，而少有相对落后的经济体能够确实将制度以及制度之间联动机制的学习作为赶超重点，因此往往导致在模仿的后续阶段难以坚持，因此只能缩小与发达国家的距离，而不能真正实现超越。

张猛（2017）在所著的《中等收入国家的发展经济学》一书中，以"市场—社会—政治"的三维视角来研究和讨论中等收入国家的经济发展，并且认为三者之间具有内在联系，即市场失灵的背后是社会失灵，而社会失灵的背后是政治失灵。三种失灵交织在一起，就会使国家陷入僵局。

第一是经济增长和漏出。经济是在形成资本积累并且再参与经济循环中得以实现增长的，如果一方面将资本注入经济池，另一方面资本从经济池漏出，两者的大小决定了经济发展状况，资本漏出影响全要素生产率，资本的转移直接导致本地经济的萧条。

第二是市场失灵背后是社会失灵。市场内嵌于社会，经济发展的最关键性的要素产生于社会。经济发展是创新函数，科学技术和企业家决定了总体的经济发展水平，在适宜的社会条件下，大量涌现具有创新精神的企业家是经济发展的关键之一。经济发展其实是个社会问题，包括社会失灵、社会僵化、社会选拔、社会动员等问题。一个有活力、流动性强的社会和一个板结僵化、论资排辈、官僚主义盛行的社会对经济的影响迥然不同。

第三是经济及社会发展中的政府和政治家作用。发展经济学理论中，政府发挥重要作用且一直处于核心位置。在承认市场机制是资源配置的最重要和最有效的手段的同时，应看到政府在经济发展中发挥的关键作用。尤其在发达国家经济发展初期，政府发挥何等作用是国家能否发展的关键因素。

政治经济学从政治、经济、社会三位一体的角度来阐明其促进经济增长的作用，以政治振兴为基础，建立强大的国家观念，动员社会力量，使政府和政治家成为国家振兴最为重要的力量。

张猛在《中等收入国家的发展经济学》一书的最后提出：中国有领先古代世界的辉煌历史，但缺乏现代先进国家的具体经验。"中国要真正成为发达国家必须经历系统的社会、政治和市场的进化和深刻的变化，这才是未来挑战所在。"

1.3.3 寻找中国制造业存在的问题

2019年中国的人均GDP已超过1万美元，在有为政府的领导下再用几年时间跨越"中等收入陷阱"进入高收入国家行列并无太大悬念。问题是在跨越世界银行设定的高收入门槛之后下一个目标是迈向"中等发达国家"，距此还有一段漫长的路要走。"中等发达国家"是邓小平"三步走"战略中提出的，如从人均指标角度来理解，即人均GDP要达到发达国家平均水平。

按照《中国的坎》（2016）及《中等收入国家的发展经济学》（2017）中所描述的拉美国家落入"中等收入陷阱"的原因及对市场失灵、社会失灵和政治失灵的现象进行的分析，中国经济发展与拉美地区有十分相似之处，但中国的社会制度和政治体制与拉美国家完全不同。在有为政府的领导下，中国社会内部及区域经济竞争一直充满动力和活力，现代治理体系及治理能力也被摆到国家层面，受到了高度重视。

目前，中国经济正处于一个大的拐点，人口红利、投资红利、市场红利都在消失。在经济换挡、产业升级的关键期，遇上美国不遗余力的打压。中国加入世界贸易组织后，经济体量和实力的增强引起对手的危机感，从而被"阻击"，这几乎是必然的结果。

从内部环境和外部环境来看,如何在经济转型关键期寻找转机,谋求更大的发展?2012年以后,中国经济发展的增速放缓,中国企业的利润下降更快,2018年中国制造业平均利润仅为2.59%,这就提出了一个问题:中国制造业问题出在哪里?

2000年以来,每年的《政府工作报告》中都提出坚持以经济结构调整为主线,转变经济发展方式,着力提高经济增长质量和效益。2015年,中央提出供给侧结构性改革,调整经济结构,使要素实现最优的配置,提升经济增长的质量和数量。现在的问题是政府的宏观层面主导思想并没有在微观层面中的企业得到很好的推动和落实,表面上的形式主义和深层次的制造业文化使中国企业在向质量效益型转变和产业转型升级上出了问题。

中国制造企业快速增长得益于规模,但这种规模不是完全得益于企业的本身竞争力,更大方面是得益于中国的国情。中国是一个国土辽阔、人口众多的大国,这给中国企业提供了一个巨大的市场空间,这是其他很多国家无法比拟的。但这种优势也带来了另一个问题。一个产业兴起,全国就有几十家、上百家企业进入这个行业,出现重复投入、重复建设现象。由于多年竞争,传统产业包括中低端装备制造业都出现了供大于求的局面,使得竞争更加激烈。中国企业宁肯放弃利润不肯放弃市场的观点,加之不以质量、品牌为竞争力,而通过价格进行竞争,使产品的价格越卖越低、利润越来越薄,这种价格战既伤害了别人也伤害了自己。另外,中国本身的巨大市场减弱了中国企业"走出去"的压力和动力,使其缺乏"走出去"的竞争意识,即使"走出去",往往也是低价竞争,长期的低价竞争导致利润像刀片一样薄。

科技创新、产品创新是提升企业竞争力的有力武器,但由于中国企业利润很低,产品创新的投入费用远低于发达国家企业,大多数中国企业把科技创新定位于引进产品和技术模仿上,并没有再创新,同时中国企业普遍不重视管理,企业的产品质量、效率均处于落后状态,这就形成了一个恶性循环，企业发展失去了后劲。

制造业质量是一国制造业综合实力和核心竞争力的集中体现，反映了制造业满足经济发展需要的程度。作为制造业大国，中国制造业质量水平近年来虽有提升，但总体水平不高的问题仍然突出，与消费者期望及制造强国的地位差距很大。管理水平多数还处于经验管理和科学管理之间，与先进发达国家企业相比差距更大。

随着全球制造业格局变化和中国经济发展进入新常态，这一问题更加凸显。加快提升经济发展质量，提高效率和增加效益，全面提升竞争力，实现从"中国制造"向"中国质造"和"中国创造"的转变，成为亟须破解的重要课题。

世界上公认的制造业强国，如美国、德国、日本，其实物产品质量，例如产品性能的稳定性、质量可靠性、使用寿命指标均处于国际先进水平。因此可以说关键基础产品的高质量是制造业强国的重要标志之一，是一个国家"制造的生命线"。

企业的生命在于产品，产品的生命在于质量。质量的问题是中国制造业短板和瓶颈。我国工业产品总体上还处于中低端水平，质量工作还处在原有模式，产品质量问题突出，质量问题是实现制造强国目标中的明显短板，如不下大气力解决，中国制造的生命将受到威胁。

中国制造业正处在转型升级阶段，需要的是经济增长方式的转变，产业结构转型升级中的"转型"，其核心是转变经济增长的方式，即把高投入、高消耗转为低投入、低消耗，把低质量、低效率、低效益转为高质量、高效率、高效益，把粗放型转为集约型，其中质量、效率和效益是核心。转型的核心是"质量为先"战略，通过管理向质量要效益，向效率要效益。产业结构转型升级中的"升级"，其核心是产业升级。产业加工程度向纵深发展的关键问题是：是否在技术密集行业和产业链的高附加值阶段发生了替代？是否从价值链的下游迈向中上游？是否掌握了技术能力并能够迭代创新？升级的核心是"创新驱动"战略，通过技术进步，在引进先进技术基础上自主创新，形成技术替代和迭代创新。

当前，如何理解"创新驱动"与"质量为先"的关系？创新是中国经济转型升级的根本之道，创新驱动战略是中国实现制造业强国的核心战略。而"质量为先"提法在其他发达国家的制造业战略规划中是没有的，这是中国国情决定的。质量提升是决定中国制造的成败的关键，没有质量的提升，创新是空中楼阁，只有以质量提升为目标的创新才是言之有物、可以操作的创新，"创新驱动"和"质量为先"共同决定发展的结果，两者不可偏废。

创新的重点是科技，质量的重点是管理，但现实中对这两个方面的关系存在认识上的差距。科学技术是显性的，差距相对比较清晰，作为一项技术往往容易被认知和模仿，所以需要专利来保护。管理并不像技术那样可比性强，管理上的差距是模糊的，另外管理背后主要是文化，文化是很难被模仿的。经济领域有着大量的管理书籍，传播着世界先进的管理思想和方法，国际标准化组织对全面质量管理和卓越绩效管理制定了标准。这些标准以及六西格玛管理、精益生产管理很多企业都知道，但只有少数企业能做好。

对中国而言，21世纪是创新的世纪，是高科技世纪，更是质量的世纪。转型本质上就是从数量型增长向质量效益型增长转变，升级的本质是科技创新，形成技术替代和迭代创新。只有紧紧抓住技术创新、管理创新这个核心，并将其作为转型发展的突破口，才能确保转型成效。中国已经到了必须把经济推向转型升级时代的关口。

从20世纪初至今，每年《政府工作报告》都提出，加快转变经济发展方式，着力提高经济增长质量和效益。从中可看到中央的重视和现实情况的不尽如人意。中国制造的创新与质量问题可以从政府、市场、社会、企业层面寻找原因。其中有政府层面、社会层面、市场层面原因，但深入分析，最直接、最关键的是企业层面问题，也是一个国家制造业微观层面上的问题。中国的宏观经济政策思维在党中央和政府与时俱进的思想指导下，大方向都是正确的，但现实是微观层面经济主体内生改革动力不足。

从历史情况看，中国企业产品创新和质量提升，需要一次大变革，需要基于企业层面的脱胎换骨。

先进制造业文化
中国制造业转型升级的必由之路

2 中国制造业缺少什么

　　自2010年以来,中国制造业已连续位居世界第一,但是,我国制造业大而不强问题仍然突出。中国制造业缺了什么?我们只有充分了解问题的现象,深刻把握问题的本质,从矛盾的普遍性和矛盾的特殊性寻找制造业大而不强的根本原因所在。

2.1 历史的回顾

2.1.1 政府质量之手

历史上，中国经济管理部门为了提升中国企业的产品质量做了大量工作，1979年开始引入全面质量管理，颁布了《中华人民共和国优质产品奖励条例》。

从20世纪70年代末至20世纪80年代初期，中国每年要进行行业检查和产品质量等级评价，由综合性专业研究所牵头组织各企业人员参加的专家组到各企业进行产品质量抽查，对现场产品抽样封存。检查过程严格按检验标准和程序，对整机精度、运行性能及拆机后的关键零件精度和清洁度进行评定。1979年在国家优质产品奖励条例中分设产品质量金奖和产品质量银奖，并设立国家质量管理奖。产品质量金奖、银奖和国家质量管理奖带动企业管理及产品质量水平上了一个新台阶。众多企业都把争取获得国家奖作为企业质量提升的推动力。各省也设立了省级产品质量奖和管理奖。质量评价工作在全国各地如火如荼地展开，对质量提升起到了很大的推动作用。

1987年，国家商检局颁布了《出口商品质量许可证管理办法》，对出口企业产品质量和企业质量管理进行评定。制定了《出口商品质量许可证考核评分表》，以 1000 分作为满分，对生产现场的定置管理、工位器具、工具箱摆放以及现场是否有烟头等都制定了严格的考核标准。

20 世纪 90 年代初，国家又推出了以工艺为突破口的质量管理工作，企业的工艺管理、制造技术、装备水平、现场面貌都有了明显的改观和提高。同时国家又以推进产品标准为手段，淘汰了一批行业老标准，重新制定了一批行业新标准，以产品标准来提高中国的产品质量。

1993 年，全国人大通过了《中华人民共和国产品质量法》。1994 年，我国参照国际标准化组织制订了等同采用 1994 版 ISO9000 族标准的 GB/T19000 族标准。

ISO9000 系列标准使企业建立起以过程管理为基础的质量体系，为企业实现质量管理的系统化、文件化、规范化、法制化奠定了基础，为此，国家相关部门建立了一支全国性体系论证的专家队伍。质量认证为各国各企业评价质量工作提供了统一的标准和模式，一家企业取得了 ISO9000 质量体系认证证书，就意味着其质量保证体系获得了具有权威性的国际共同认可的资质，企业也就具备了产品招标和产品出口的通行证。

在国家相关部门的推动下，我国各企业积极参与标准的实施，以 GB/T19000 为标准的质量体系建设在全国迅速展开，使我国的质量工作开始和国际接轨，因此，中国的质量管理工作从 1979 年到 20 世纪 90 年代中期显著提升。

1996 年，为进一步贯彻和落实《中华人民共和国产品质量法》，国务院颁发了《质量振兴纲要》（1996—2010 年）。1999 年，我国召开了全面质量管理会议，会后颁布了《国务院关于进一步加强产品质量工作若干问题的决定》，会议的目标是经过长期努力，从根本上提高我国主要产业的整体素质和企业的质量管理水平，使我国的产品质量、工程质量和服务质量跃上一个新台阶。

2004年，国家质检总局和国家标准化管理委员会发布了GB/T19580《卓越绩效评价准则》和GB/Z19579《卓越绩效评价准则实施指南》等国家标准化指导技术文件。目前，以上标准已成为国家质量奖的评奖准则。与GB/T9001相比，《卓越绩效评价准则》的内容更全面、系统，包括组织经营管理的方方面面，所关注的质量内容已扩展到经营质量的大质量范围。其强调社会责任、战略策划和经营成果，反映了现代质量管理的最新理念和方法，提供了追求卓越的经营管理模式。

2.1.2 政府科技之手

1986年，中共中央、国务院批准并颁布了《高技术研究发展计划（"863"）纲要》，从此中国的高科技研究发展进入一个新的阶段。

在对企业科学技术发展的政策上，20世纪90年代，国家制定了国家级《高新技术企业认定管理工作指引》，将高新技术企业每次的认定期设定为三年。国家从财政政策、税收政策上向技术进步、科技创新倾斜，积极支持科技创新产品的技术改造，给予项目资金上的扶持。对每年国家相关部门认定的高新技术产品给予奖励，对新产品研发费用给予税后计征，对高新技术产品销售所得税额进行减免，对出口产品给予增值税抵扣，对国内已可替代的进口产品不再实行优惠关税，建立了出口产品及进口产品的免税目录，鼓励科技进步产品创新。

1999年，国家开始实施数控机床增值税先征后返政策。2006年国家通过的《国家中长期科学和技术发展规划纲要（2006—2020）》设定了16个重大专项，重点规划、优先布局。在国家重点扶持的领域内对重大技术、重点产品通过"产学研用"平台以招标的形式在资金上给予重点扶持，对首台（套）重大技术装备示范应用等实施一系列鼓励创新财税政策，对于购买国产设备投资的40%的资金在新增企业所得税中抵免。

近30年来，国家相关部门通过政策引导，一直致力于推动中国企业不断实现科技进步，提升中国企业在市场中的科技竞争力。我国一些行业通过国家科技政策的引导和支持，通过自身的努力，在科技创新领域获得了长足的进步。

2.1.3 市场之手

20世纪90年代中后期至21世纪初，国家经济体制从计划经济过渡到市场经济，随着经济体制的深入改革，发生了相应的政府职能转变和企业经营转变。企业的自主经营管理权限扩大了，政府的职能由原来的亲力亲为逐步转变为提供服务、以政策导向和维护市场环境为主，政府把"主角头衔"还给了市场和市场主体。

1996—1999年，中国经济进入周期性低谷，在中央扩大内需、增加投资、鼓励出口等诸多积极的财政政策和稳健的货币政策措施之下，经济持续下滑之势得到了抑制，并在2000年出现转机。在此期间，由于企业经营不景气、订单减少、开工不足，有的企业处于半关停状态，企业管理大幅度下滑，质量管理出现了倒退。

1997—2004年，企业产权改革步伐加快，大型国有企业公司化，中小企业民营化，市场经济特征进一步显现。政府开始从企业质量管理中退出，形成以市场导向为主、以政府推动为辅的质量管理模式。

此时，中国政府直接推动企业质量升级的力量大大弱化，国家制定的质量政策、法规如《质量振兴纲要》缺少真正意义上的落地，中国质量政策与企业的运营出现脱节和分离。

2008年，顶着"中国名牌"光环的三鹿奶粉出事了，整个中国奶粉行业都陷入信任危机，三聚氰胺事件，不仅仅是一起简单的产品质量事故，更上升为社会公共层面危机。三鹿奶粉是中国名牌产品，因此"中国名牌产品"质量政策受到了拖累和被质疑。

同时期房地产业迅速发展，房地产公司前期的空手套白狼和近20年的房价疯涨，让房地产业成为中国最挣钱和挣钱最快的行业，金融股市的虚拟经济盛宴，使市场环境及整个社会心浮气躁，对实体经济发展产生了明显的消极影响，使管理特别是质量管理严重缺失，市场经济没有催生中国企业产品质量质的提升。

同时我们也看到了中国高新技术企业存在的问题，中国企业多采用引进消化吸收再创新的形式进行生产，但实际状况是产品创新仅仅停留在引进消化吸收的模仿层面上，许多企业把眼光紧盯在争取国家对科技创新的政策扶持资金上，并未形成真正的再创新，这是一种普遍现象。

中国经济从计划经济向市场经济转型是一次经济体制改革的重大突破，市场这只看不见的手能够在微观层面最有效率地实施资源配置，任何一个小的角落都不会因被忽略而荒芜，市场经济是推动经济发展的重要动力，人口、资源、投资红利的要素驱动，可以把一个国家、地区经济较快做大，但不能使这个经济体变强。市场经济本身运行的动力是利益的追求，市场机制只能反映现有的生产结构和需求结构，而不能反映国民经济长远目标和结构。市场经济的市场特点是：自发性、盲目性、滞后性。一个国家想要做强必须要有政府的力量。

2.2 中国制造业现状

2.2.1 大而不强

从"世界500强排行榜"可以看出,中国企业大而不强的特点最为突出。

《财富》杂志的"世界500强排行榜"一直被视为衡量全球大型公司的最权威榜单,每年发布一次,该榜单以营业收入为标准,规模越大,排名越靠前。

2017年"世界500强排行榜"中,中国共有115家企业上榜,国家电网、中国石化、中国石油更是高居第2、第3、第4名[1]。

1989年,中国只有1家企业上榜;1995年增至3家;2000年增至11家;2014年突破100家;2017年已经达到了115家(包括台湾地区6家),中国企业成长之快,让人欣喜。[2]

但是,如果以盈利能力为标准,又是另一番景象。

---

[1] 2017年世界500强排行榜[EB/OL].财富中文网,2017-07-21.
[2] 世界500强,中国上榜企业变迁史,这才是中国速度![EB/OL].翰林编修馆,2020-08-11.

中国大陆109家上榜企业的平均总资产收益率仅为1.65%，一元钱的资产只能产生1.65分的税后利润，而美国企业的平均总资产收益率为4.97%，是中国企业的2.9倍。中国大陆109家上榜企业中，有10家企业的盈利为负。①

可见中国企业多是以规模取胜，大而不强。

中国企业大而不强，背后的原因很复杂，其中一个重要的因素，与中国的"大"有关系。

水大鱼大，大市场催生大产业，大产业造就大企业。中国庞大的国内市场为中国企业提供了广阔的发展空间。

"躺着赚钱"让部分中国企业失去了创新动力，最终变得大而不强。

根据相关调研，在面临低成本还是差异化的选择时，中国企业普遍采用成本领先战略，以低成本低价格为主要竞争手段。从总体发展战略上看，在对专业化还是多元化的选择上，国内企业更倾向于多元化，而外资企业则更多选择专业化。关于战略制定中经营工作的重要性，中国企业往往将营销放在第一位，而将研究开发、生产制造排在后面。战略规划的执行普遍缺乏员工的参与，企业往往认为执行战略远比制定战略要难得多。

制造业大而不强主要表现在以下几方面：

（1）制造业人均增加值低。根据2016年世界银行关于世界各国制造业增加值的网站数据，2015年中国制造业增加值为32600.00亿美元，美国为20680.80亿美元，日本为8509.02亿美元，德国为6815.26亿美元。而人均制造业增加值，德国为8371美元，日本为6702美元，美国为6434美元，中国为2377美元。虽然中国制造业增加值是世界第

---

① 刘俏，杨小刚. 世界500强最新榜单：美国资产收益率是中国的2.9倍[EB/OL]. 2017-07-21.

一，但人均制造业增加值在世界排名第36位。①

（2）技术创新能力不足，缺少关键技术。首先，中国制造业缺乏自主知识产权和知名品牌，我们引进的技术，在消化吸收中缺少再创新环节，创新意识薄弱，创新能力低下，不像制造业强国通过技术再创新形成新技术，因此形成国内不断周而复始引进的恶性循环。其次，由于缺乏有效的知识产权保护，一个企业的创新很快在同行中被复制而产生低价竞争，企业创新不能得到预期的回报。最后，关键技术自给率低，在产业链中处于中低端市场，核心技术和核心零部件及高端装备大多需要进口。在2019年12月举办的央视财经论坛上，工信部原部长李毅中表示，中国"四基"（核心基础部件和元器件、先进基础工艺、关键基础材料、产业技术基础）不强，集中表现在一些关键核心受制于人，目前中国在关键零部件、元器件和关键材料上的自给率只有1/3。② 这里需要特别指出，在市场开放的条件下，中国企业核心技术和核心零部件创新的市场生态环境恶劣，创新难度大。

（3）竞争层次低下。当下中国出口仍以劳动密集型产品为主，出口增长主要依赖低价和数量推动，产品加工粗放，附加值低，产品以中低端为主，缺乏品牌意识。出口方式处于初级阶段，出口销售渠道品牌意识低，往往采用渠道品牌，缺乏对销售渠道的掌控。

（4）管理水平差距大于技术水平差距，隐性差距大于显性差距。制造业的产品质量、生产效率、经济效益多年来未有大的进步，与发达国家差距没有明显缩小，国家多年来提出向质量效益转型并未明显见效。

总的表现为：自主创新不足、质量问题突出、生产效率不高、产业

---

① 光明人家-65X. 世界银行版各国人均制造业增加值地图[EB/OL]. 新浪博客,2016-11-10.

② 工信部原部长. 中国制造业关键核心技术自给率仅1/3[EB/OL]. 新浪财经综合,2019-12-13.

结构不合理、价值链处于中低端、国际性品牌缺失。

2.2.2 机床工业问题和差距

机床工业是一切机械工业的基础装备,机床被称为"工作母机",在新中国的发展过程中,机床工业一直得到国家的高度重视,得到了快速的发展,但同样存在"大而不强"的局面。

1959年9月,毛泽东同志在最高国务会议中曾指出:"机械里头有个工作母机。什么矿山、什么炼油、什么电力、什么化学、什么农业、什么交通,这些机器都要有工作母机。"机床行业是"母机"行业,工作母机是制造所有机器的,是机械制造业的装备基础。2009年我国机床工业需求量与产能都跃居世界第一,但在高档机床领域与国外的差距还在拉大。

20世纪末,我国机床工业产值数控化率在20%左右,产量数控化率不足10%,从2000年开始机床工业进入高速发展阶段,2016年产值数控化率已达到近80%。目前在我国的机床领域,凡适合采用数控机床的品种,均已采用了数控技术,数控技术已不存在技术障碍,产品结构水平和市场竞争力明显提高。随着我国数控机床技术的全面普及,中档数控机床技术不断趋向成熟,再加上本土优势的助力,国产中档数控机床产品的市场竞争力逐步增强,市场份额逐渐扩大,市场地位日益巩固,基本实现了由被动防守到长期相持再到积极进攻的战略转变。

但我国在数控机床方面与国际先进水平差距仍然很大。从专业角度审视中国机床市场的实际竞争状态,可以概括为:"低端内战、中端争夺、高端失守。"在高端领域,由于与国际先进水平差距很大,国产机床基本不具备市场竞争能力,而中端市场一直是国产机床和进口机床争夺的主战场,争夺这个领域的市场份额,是多数机床企业长期以来的主攻方向。

机床行业是国家战略性产业,机床是加工制造业的关键装备,但困扰机床行业多年的"大而不强"的状况依然没有改变，整个机床行业在整体上仍然处于全球产业价值链的中低端，而且核心技术缺失，技术基础薄弱成为突出软肋。作为数控机床核心技术主要载体的功能单元和关键零部件在相当程度上依赖进口，其中，中高档数控机床对进口的依赖程度尤为突出。进口的关键零部件主要包括数控系统、伺服驱动单元、主轴单元、高精度转台、换刀机构、精密轴承、丝杠、导轨滚动元件、伺服液压单元、泵、阀关键元器件和数控软件，这类中高档数控机床主要功能单元和关键零部件仍然严重依赖进口，不仅制约行业发展，还给机床工业埋下严重的安全隐患。

历史上机床行业拥有国家一级的"七所一院"综合性专业研发机构，被称为"一类所"，基本覆盖了机床工业的主要技术领域，在我国现代机床工业的形成和发展过程中发挥了重要的历史性作用。20世纪90年代，随着市场化改革的推进，"一类所"先是全部下放到地方管理，随后又进行了企业化改制。这些科研院所原有较强的技术研发能力，尤其是共性基础技术研究能力显著弱化，研发人员大量流失，为行业企业提供技术服务的功能全部丧失，与此同时，与市场经济体制相适应的企业新型技术研发体系并没有真正建立起来，机床工业技术研发体系处于弱化、虚化和碎片化状态。

（1）弱化。1996—1999年，中国经济进入周期性低谷，原有30余个重点骨干企业的技术研发部门，随着企业经营困难，出现人才流失、技术研发能力不同程度弱化。例如上海实力雄厚的机床工业，规模从大到小，数量从多到少，企业从市区搬迁至郊区，逐渐萎缩乃至大多消失。

（2）虚化。在机床工业领域，很多企业相继挂上了由各级各类政府部门颁授的各种研发机构的牌子，但真实情况是真正有能力建立自主研发体系的企业并不多，不少曾经的重点骨干企业，由于企业经营困难，技术研发能力不仅没有提高，反而较改革开放前下降了。

机床工业多年来积极践行产学研合作的技术创新模式，但其实际效果始终不明显，产学研合作中的"研"基本处于主体缺失的状态。

（3）碎片化。具体表现为：力量分散，各自为政，统筹缺失，难以形成合力，政出多门，重复投资，往往形成"一窝蜂""大帮哄"等现象。碎片化不仅表现在企业，还表现在高校领域。

机床行业资深专家、中国机床工具工业协会原常务副理事长兼秘书长陈惠仁指出，机床工业产业发展生态（具体指行业内部的发展心态、价值取向和行为特征）主要表现出两种消极有害的状态，即"浮躁之风"和"产业虚无主义"。

一是"浮躁之风"。所谓"浮躁之风"，主要有以下表现：第一，急于求成，心浮气躁，严重缺乏扎实做好底层基础工作的耐心；第二，粉饰浮夸，与机床工业"精实严谨，低调内敛"的产业特质格格不入。

二是"产业虚无主义"。近年来，一些企业被诸如服务化转型、互联网思维、商业模式创新及新业态、新制造等新名词所迷惑，有的企业更是参与到金融和房地产的"盛宴"之中，其结果是制造业市场竞争力进一步衰退，不可避免地陷入经营困境。

"浮躁之风"和"产业虚无主义"危害极大。认识我们与西方发达国家的根本差距，恰恰才是在技术创新与精细管理方面的基本功力。

转型调整绝非易事，非卧薪尝胆、伤筋动骨不可，否则不会见到成效。正确认识我国机床工业当前存在的主要问题和差距，无疑将对机床工业未来30年正确发展道路的积极探索有所助益。[①]

2.2.3 技术创新缺失

根据科技创新的形式，其可以分类为：基础研究、应用研究、开发研究。制造企业创新一般集中在开发研究，开发研究是利用应用研究的

---

① 陈惠仁. 中国机床现在什么水平：核心技术缺乏 基础薄弱[J]. 经济导刊,2020(4).

成果和现在的知识和技术，创造新技术、新方法和新产品，是一种以生产新产品或完成工程技术任务为内容而进行的研究活动。按制造业自主创新技术来源，可以分类为：原始创新（含合作创新）、集成创新和引进消化吸收再创新。自主创新的核心是形成自主知识产权。原始创新是指在基础科学和前沿技术领域获得更多的科学发现和技术发明。集成创新是指将现有的成熟技术及知识，通过集成和整合形成全新的产品、新的工艺。引进消化吸收再创新是指主要技术来源是外部技术引进，企业重点是在对引进技术的消化、吸收的基础上进行改进和创新。引进消化吸收再创新是最常见、最基本、采用最多的一种创新形式，是后发国家实现产业升级的捷径，可节约大量的资金和时间，因此可以快速提高引进国的创新能力。引进消化吸收再创新的关键是再创新。

二战后，日本经济千疮百孔，但通过30年的努力，在20世纪七八十年代，日本产品大量出口欧美，这些产品以更好的性能和质量、更低的价格碾压欧美产品。在这30年中，日本主要通过引进技术、购买专利，开展逆向工程，引进消化吸收再创新，走出了一条高质量发展之路，跨越了"中等收入陷阱"，进入发达国家行列。改善，已经在日本成为一种企业文化，可以以国外的技术为参考依据，在此基础上，消化技术原理，再重新根据市场情况做进一步的改善和提升，最后通过精益管理，减少不必要的浪费。集大成而自成一家，成为日本制造文化中的哲学心态。

中国不少企业也经过了30年的发展，也通过引进技术、购买专利和逆向工程进行技术创新，但却走出了一条只做大没做强的发展之路。现在有不少行业在高端领域与西方发达国家的差距不是越来越小而是越来越大。

我们应该看到，我国工业化快速发展的这一过程，第一阶段是直接把苏联的成熟技术拿过来加以仿制运用，第二阶段即改革开放后，直接把工业发达国家的成熟技术拿过来加以仿制运用。在没有被封锁的行业和技术领域内,我们没有体验过欧美各国从手工业时代到现代化工业体系一步一步发展的技术创新过程,我们的技术创新缺失了这一环节,而这一环节包含着对技术创新的追求、执着和不折不挠的精神。一些企业在引进消化吸收再创新的过程中,形成了路径依赖,没有超越别人的思想,自主定位在仿制和跟进上,对于技术发展,这些企业都是浅尝辄止。

从客观讲,日本是个小国,小国要成为经济大国,一定要"眼睛向外"。对于日本企业来说,美国作为世界上最大的市场,以欧美市场为竞争对象,打开欧美市场是日本企业家的奋斗目标。而中国是个大国,对于中国企业来说,中国是世界上最大的市场,国内企业将目光首先放在了国内市场,国内企业竞争对象首先是国内企业,而国内企业又选择了价格竞争,结果价格越来越低,产品质量越来越差。此外,低价竞争也是导致市场上的假冒伪劣产品横行的一个主要原因。国内企业过度追求速度而牺牲质量。企业的新产品研发设计快、试制快、转入生产快、推向市场快,早期故障出现也快。国内企业产品是一边卖一边改,缺少了按客观规律办事的稳重心态,多了急功近利挣快钱的思想。设计失误的损失是1,在生产中的损失就是10,在产品售后中的损失就是100。引进消化吸收再创新是我国技术创新中牵涉面最大,也是最为薄弱的环节之一。很多企业把科技创新停留在引进仿制上,缺少再创新,它不是资金投入的问题,也不是技术上高难度的问题,而是一种思想状态和精神状态问题。

引进消化吸收再创新、集成创新、原始创新三种创新在技术基础、技术积累上都有关联性和渐进性,存在着知识积累、能力积累和人才积累的递进关系,没有引进消化吸收再创新的条件积累就很难做到集成创新,没有集成创新的条件积累就将直接影响到原始创新的结果。

引进消化吸收再创新、集成创新、原始创新三种形式和我国经济发展跟随阶段、赶超阶段、领先阶段三个阶段是相对应的。也就是说,我们国家三个发展阶段或者"三步走"目标,从技术状态分析就是引进消化吸收再创新、集成创新和原始创新三个阶段。我们当前的目标是让大多数企业在引进消化吸收再创新上有一个根本的转变，行业领先企业同时开展集成创新。如果没有第一步根本转变，大多数企业就没有第二步、第三步的转变。因此当前企业扎扎实实做好"再创新"，具有十分重要的意义。

中国中铁从引进消化吸收再创新起步，再通过集成创新、原始创新，成为自主创新的一个典范，通过创新形成了中国名片，其理念和精神值得我国所有制造业企业学习和借鉴。中国也有好企业，但这样的企业太少了。

2.2.4 管理缺失

先进制造技术是机械制造技术、电子技术、液压气动技术、光电技术、信息技术、自动化技术和现代管理技术等的有机整合。

先进制造业生产的主要特点是以离散为主，把不同零部件装配起来，装配为重点。离散型制造是指以一个个单独的零部件组成最终产成品。因为产品的最终制成以零部件的拼装为主要工序，所以装配自然就成了重点。离散型制造的制造资源协调困难，生产组织与管理要求高，容易造成资源浪费和效益漏出，生产过程自动化水平较低，产品的质量和生产效率在很大程度上依赖工人的技术水平，整体企业管理因此显得越发重要。另外，产品的产业链越长，生产制造过程越复杂，意味着达到质量要求越难，产品的可靠性、安全性和产品的零部件数量呈指数级关系。

一个产品的技术指标和性能似乎是最重要的，技术是源头，没有技术必将受制于人，但技术是依托在产品质量所体现出来的技术性能，以及其稳定性、可靠性、安全性和可维护性，质量决定了品牌影响力。质量是如何形成的呢？产品质量是产品实现全过程的结果，产品质量有一个从产生、形成到实现的过程。这个过程中的每一个环节都将直接或间接地影响到产品质量。

制造过程不仅影响产品的质量，还影响着效率和效益，先进制造技术的制造过程知识和制造过程经验需要积累，既需要理论，更需要实践，由此形成的制造过程的组织知识、组织能力十分宝贵，没有捷径可走。

先进制造业多具有小批量、多品种、个性化的特点，由全体员工通过组织协调来共同完成每一件产品，因此产品质量、资源利用效率的提升很大程度依靠科学管理和全体员工的整体素质和敬业精神。一个企业要少数员工做到优秀相对容易，而要全体员工都做到优秀就相当困难。因此，企业文化、科学管理在先进制造业中就显得特别重要。

1994年，我国相关部门推出了等同采用1994版ISO9000族标准的GB/T19000族全面质量管理标准。该标准早期得到了企业的快速响应，为企业实施全面质量管理起到了很好的作用，但随着时间的推移，我们发现，很多企业并没有把质量管理的核心理念，即全员参与、全过程控制、全方位推进做实做细做精。企业越到底层、越到边缘，就越看不到ISO9000质量管理的影子，更谈不上以预防为主，实施PDCA循环的质量思想。做细节是多数企业的弱项，推诿责任是多数企业存在的现象，全面质量管理难以运行和维持。很多企业以拿到质量管理体系认证证书为目的，而不是以全面质量管理作为推进质量工作的起点，时间长了就松懈了，一切又回到了原点。

ISO9000质量标准为"符合性评价"标准，你怎么想就怎么写、就怎么做。和国际先进企业的质量管理相比，我们缺少管理知识和经验、缺少严谨的作风和顶真细节的精神，在质量文件上就留下了缺口和漏洞。再加上缺乏全员、全过程、全方位的管理，尤其缺少顶真的细节，就形成了无数的质量黑箱、效率黑箱、效益黑箱。所谓黑箱，就是经营者不知道、管理者不知道、企业员工也不知道。问题不清楚，如何解决不知道，全凭当事人自己的经验来判断。当事人可以是经验丰富的老员工，可以是调岗未经培训的员工，也可以是刚上手的新员工。制造过程中往往没有对可能出现的异常点进行管控，没有标准化作业指导书，没有上岗资格证书，一台设备出厂后可能给企业带来无穷无尽的各种意想不到的问题，产品的早期故障率高，可靠性无从谈起。

设计过程控制。设计是一项创造性工作，由设计人员的理论、实践经验及对制造业深刻的理解来保证。如何培养优秀的设计人员、主管设计师、总设计师、总工程师？很多企业缺少培养路径和方法。运用ISO9000设计管理模式对设计过程进行控制，发挥科技人员的团队力量，使设计得到良好的过程控制，从设计源头上保证质量、降低成本，尚未引起顶真的重视。

试制过程控制。通过组织管理，保证试制过程获得系统的工程控制和系统的质量控制，进行首台可靠性试验及用户试用质量分析，并为小批量生产制定一套有效的质量控制方法，都是必不可少的。从现状来看，这也是大多数企业的弱项。

质量信息反馈。不少企业没有建立产品在用户使用过程中的全面的质量信息反馈体系，以及以数据统计为依据的质量分析系统，缺少以零缺陷的质量改进思想与行动，使"产品质量是改进出来的"也成为一句空话。

没有高水平设计过程控制、高质量试制过程控制、高质量生产制造过程控制和用户质量反馈及质量改进过程控制，是不可能生产出高质量的产品的。产品的设计质量是源头，之后的一切活动在质量上都是递减的，即实物产品的质量是不可能超过设计质量的，这一切过程都需要管理。

在我国，不少企业没有开展或持久深入开展精益生产。精益生产通过作业流程优化、物流路线优化、生产计划优化、后道工序拉动，以及标准化和准时化，保证流水化装配方式，使生产效率大幅提升，生产浪费大幅下降。

相反，国内不少企业的生产过程缺少均衡性，经常出现装配时缺少零部件而产生等待现象。销售经常插入紧急订单，生产部门就采用拆东墙补西墙的办法，造成极大浪费。调度人员将没有上岗证书的员工临时性安排到缺人岗位，形成零件的批量报废。设计人员更改图纸，原仓库批量生产零件就不再使用，这种零件报废往往是无声无息的，图纸修改得越多，报废越多。浪费到处存在，这一切都是缺少管理造成的。

六西格玛最早是一种质量管理手段，后来演变成一种管理思想渗透到企业管理的各个方面，成为管理哲学。六西格玛更加关注顾客，从数据和事实驱动管理，把过程视为成功的关键，而且必须落实到对客户有所贡献的结果上。六西格玛通过主动发现问题、挖掘问题和预防问题的管理思想，进行预防性管理。企业可以针对各种问题建立六西格玛项目组，真正关注顾客，建立以数据和事实驱动管理、预防性管理、无边界合作、力求完美但又容忍失败的六大主题。建立自上而下和自下而上的各种跨部门团队，可涉及质量、技术、管理、文化、人力资源、教育培训等企业全领域的问题，组成各种六西格玛活动小组，并进行一套标准化的活动。

六西格玛的价值不仅在于项目本身的成果，更大的价值在于改变了企业和企业员工思考问题的方式和做事方式。全面质量管理是质量文件如何写则如何做，是一种被动管理，而以需求和问题拉动的六西格玛管理将被动执行变成积极主动的行为。不少需求和问题来自员工的关注，多数员工的参与，使员工的自主能动性得到了发挥，主人翁精神得到了体现。其实，我国很多企业的高层并不知道管理中有多少问题，存在着许许多多黑箱，而六西格玛管理让"无数个"持续改进团队将过程中的"质量黑箱""效率黑箱""效益黑箱"打开了。以问题为导向，跨部门团队不断生成，解决问题后解散，出现新问题再重组，打破了部门界限。市场、顾客成为全体员工的共同目标，真正做到了全体员工参与，形成企业全员、全过程、全方位推进的生动活泼的状态，企业的内生动力就会被激发出来。目前，这种状况在中国只能在少数企业中看到。

2004年，国家质量监督检验检疫局参考美国波多里奇国家质量奖，推出了《卓越绩效评价准则》，与 GB/T19000 相比，其内容更加全面系统，包含了组织经营管理的方方面面，所关注的质量内容已拓展到经营管理的大质量，强调战略策划和经营结果。《卓越绩效评价准则》通过"领导""战略""顾客与市场"，以市场为导向做正确性的事。通过"资源""过程管理""经营结果"，以结果为导向把事做正确。

《卓越绩效评价准则》是 21 世纪中国提高企业经营质量、增强竞争优势、成就卓越的标准化指导性技术文件，代表了当今中国最先进的质量管理思想和质量管理实施标准。《卓越绩效评价准则》来自早期全面质量管理，与六西格玛管理、精益生产形成了互补。其坚持可持续发展，强调以人为本的人力资源管理，突出组织使命、愿景、价值观，形成自我加压、自我发现、自我超越、自我体验的组织文化。

目前成功导入卓越绩效模式的国内企业凤毛麟角，开展卓越绩效模式的企业也是少数。

20 世纪初至今，世界企业管理理论在实践的基础上取得了巨大的进步。全面质量管理、精益管理、六西格玛管理、卓越绩效管理等各种有效管理方法和手段各有侧重点，又都在原基础上不断进步和升华，为世界各国企业所广泛接受，并帮助很多企业获得了前所未有的成功。

相比较而言，美国、德国、日本的企业提倡管理的全员参与、全过程控制、全方位推进，通过细节把过程做到了极致，通过极致成就了员工的工匠精神，使企业在创新管理上全面领先于其他国家。

而我国多数企业往往把先进管理作为一种运动、一种跟风、一种表面化形式，不能沉下去扎扎实实地落地，不能十年、二十年乃至更长时间持久开展。不重视管理的根在企业高层，但我们在企业往往听到的是，"我们企业员工素质太差"，这就是目前不少企业的现实。

这是中国制造业普遍存在的问题，问题背后一定有其原因。从哲学角度看，问题越多，越普遍，越复杂，背后越应该存在根本性的原因——文化，缺乏工业文化，缺乏先进制造业文化。

2.3 技术和管理谁更重要

2.3.1 成功者之例

在世界经济发展史上,美国是科技型进步的代表,日本是管理型进步的代表。日本可以说是从跟随、追赶到最终跨入发达经济体行列的典型代表,在跨越"中等收入陷阱"的国家中,日本是最值得研究的。

在这个过程中,日本做了三件事情:第一,彻底的全面质量管理;第二,彻底的精益生产;第三,引进消化吸收再创新。

20世纪50年代,戴明提出质量改进的观点,即科学地提出围绕统计学的方法进行质量的持续改进,强调最高管理层对质量管理负责。

20世纪60年代初,朱兰、费根堡姆提出全面质量管理的概念——为了生产具有合理成本和较高质量的产品,以适应市场的要求,只注意个别部门活动是不够的,需要覆盖所有职能部门的质量活动策划。

戴明、朱兰、费根堡姆提出的全面质量管理在日本被普遍接受和高度重视,日本企业突破了以往狭义的质量概念,在产品设计、试制、生产、销售、服务的全过程中实行系统的质量管理,强调企业所有部门都有责任来保证质量。

在日本,企业从领导到每一个员工,都通过不同的方式参加质量管理活动，日本全面质量管理的触角延伸到了供应方的引导和控制上，形成从大企业到小企业的生产制造产业链的质量革命。

日本企业创造了全面质量控制（TQC）的质量管理方法，使全面质量管理的理论在世界范围产生了巨大影响，管理大师德鲁克说："全面质量管理是美国人发明的，但完美运用、臻于化境的却是日本人。"

精益管理是衍生自丰田生产方式的一种管理哲学。在丰田汽车公司与美国通用、福特、克莱斯勒三家公司争夺汽车市场的过程中，为了解决生存危机，丰田公司建立了精益生产的态度和科学的方法来控制生产过程管理，以最小的投入创造出最大价值的生产组织体系。

1973年以后，日本的其他汽车制造商和生产制造型企业开始学习丰田的生产方式，形成了日本的精益生产模式，精益生产使全员劳动生产率大幅提升，生产率是当时大量生产方式的2倍，而制品的存量只有大量生产企业的1/10，生产过程中厂房占地面积也只有大量生产方式的1/2。同样的产量，固定资产投资大幅度降低，资金利用率大幅度提高，到1980年，日本汽车的总产量首次超过美国。在汽车制造技术上，日本并没有新的创造发明，而且日本本地化市场要远远小于美国，能够取得如此卓越的成就，可以说精益生产管理起到了决定性的作用。

实行准时生产制与零库存管理。丰田公司提出"制造工厂的利润寓于制造方法中"，实行准时生产制追求的目标是彻底消除无效劳动和浪费。

他们把无效劳动和浪费分为下列几种：制造过剩的零部件的无效劳动和浪费、空闲待工的浪费、无效的搬运劳动、库存积压的无效劳动和浪费、加工本身的无效劳动、生产不合格品的无效劳动和浪费。针对以上情况，准时生产制力求达到：废品量最低（零废品）、准结时间最短（零准结时间）、库存量最低（零库存）、搬运量最低、机器损坏率最低、生产提前期短、批量小。全面追求尽善尽美，实行"零缺陷"管理。

精益生产的最终目标是实现"零缺陷"，在加工过程中，每一道工序都要求达到最好的水平,强调"第一次就把事情做好"。

精益生产管理是一个追求完美的过程,也是追求卓越的过程,精益生产管理模式正焕发出强大的生命力,成为推动企业管理向更高境界发展的新路径。精益管理可以说为制造业带来了一场革命,是提高全要素生产率的十分重要的途径,经过几十年的发展演变,精益管理已经形成一套完整的管理理论和方法体系。精益管理的思想核心已开始渗透扩大到除制造业以外的其他领域,包括在社会治理方面,降低资源消耗,提高资源综合利用率,并将催生建设节约型社会治理模式的思考。

技术引进消化吸收再创新是一项系统工程,是发展中国家实现产业升级的捷径,是实现工业化和经济社会发展的有效手段。与原始创新相比,引进成熟技术进行研究可节约大量的资金与时间,大幅降低创新成本,快速提高引进国的创新能力,可以说,从发达国家大量引进技术是借助巨人肩膀前进。

但是,技术引进只能解决时间和短期效率问题,无法从根本上提高引进国的创新能力,只有在引进技术的基础上,扎实地消化吸收,并在创新上下功夫,切实提高创新能力,才能体现后发优势,完成跨越式发展。

引进消化吸收再创新可以通过购买专利、产品技术图纸及直接购买产品进行逆向工程,引进先进技术的成败在于提高技术创新思想意识和坚决的行动,创新的定位是模仿还是再创新,将最终决定引进的成果。

从1950年到1979年的近30年时间里,日本共引进技术30000多项,而在其工业现代化的进程中,共引进技术专利15000项。

20世纪50年代,日本从美国购买收音机、录音机和音响技术,但到了20世纪70年代,美国市场上半导体产品包括家电已经全都是日本制造。

20世纪70年代末,日本的钟表工业已经超过了钟表业的故乡——瑞士,之后瑞士用了20年时间对机械表进行再创新,以钟表的品牌文化在机械表品牌领域艰难扳回了一局。

复印机是美国施乐公司发明的，但在美国复印机市场上，日本产品市场占有率急速上升，垄断了复印机的市场。

日本照相机多数技术超越德国，引领相机技术发展的最前沿。

摩托车起源于欧洲，最好的产品品牌是英国诺顿。20世纪60年代初期，日本摩托车还没有成为英国摩托车对手的资格。到了20世纪七八十年代，日本通过引进消化吸收再创新，在摩托车领域超越英国，在日本摩托车的步步紧逼下，英国诺顿最终凄惨收场。

美国政府发现了一个恐怖的事实，几乎所有的生活用品都从日本进口，美国和日本的贸易逆差占到美国全部逆差的近50%，日本的电子企业以集体崛起的势头横扫美国市场，美国家电市场上的产品除了日本生产还是日本生产。

日本在美国市场无往而不胜，到底是什么造就了日本的奇迹？美国是二战的胜利者，也是受惠国，是世界科学技术领先的国家，是诞生科学管理理论、行为科学管理理论及其他各种学派管理理论的国家，有937万平方公里土地，资源丰富、经济发达。日本是二战的战败国，在二战中损失惨重，日本的国土面积只有37万平方公里，是美国国土面积的4%，是一个弹丸岛国，资源十分匮乏，所需资源几乎全部取自外国。日本经济迅速发展，使美国震惊和迷惑：日本这个资源几乎为零的国家，二战后经济千疮百孔，是什么原因使其获得迅速发展，竟然赶上了自己？

日本并没有在技术上做出像美国人那样的革新和创新，其发展得益于日本的科学管理和特殊的文化。全面质量管理代表了质量，精益生产代表了效率和成本，再创新代表了技术。当一个产品在质量、价格和性能方面都表现出竞争优势时，其成功就是理所当然的。改善已经在日本成为一种文化，他们可以以国外的技术为参考依据，在此基础上，消化技术原理，再根据市场情况做进一步的改善，最后再通过精益管理，减少不必要的浪费，集大成而自成一家。

在经济领域，无论是科技型进步还是管理型进步的成功者都值得我们学习。

2.3.2 技术属性和管理属性

科学技术的自然属性是自然科学中自然界事物本质的面貌、规律、现象在大脑中的反映，它的存在不受思想意志支配。

技术的自然属性是技术独自具有的固有属性，它是指技术人为性中的一种非人为特征。当然，技术本身不是一种先天存在的物，它是人在与自然物质性关系活动中后天生成的，但是技术一经产生，技术的自然属性便具有了一种独立于人、独立于他物的独自具有的属性，在社会、经济、文化中是中性的。

技术自然属性的存在具有物理性，它的存在形式则是人为的、人工的，是借助于人类活动的物质性手段来实现的，包括物质过程的材料，劳动者的知识、技能、态度，设备、仪器的功能和组织管理。技术的特性（自然属性）是确定的，在符合其存在的物质特定条件下即技术特定条件下，其技术特征具有重复性、稳定性，但是生产要素（人、机、料、法、环）在不同的管理过程中是非确定的，产品的技术功能的重复性、稳定性以及形成过程的成本、效率都取决于管理，管理具有非确定性，这决定了产品技术功能的非确定性，只有保证管理的确定性，才能获得技术确定性。

管理具有自然属性和社会属性，一个经营组织的管理通过科学的行之有效的方法和步骤来分析问题和解决问题，包括管理体系、管理手段、管理对象、管理职能，还包括组织机构、组织制度、计划与预测、组织与指挥、监督与控制、教育与激励、控制与创新。其对象包括人、财、物、时间、信息。企业管理包括战略管理、运行管理，其中运行管理还包括技术管理、生产管理、商业管理。管理非常复杂，产业不同、行业不同、部门不同、层次不同、时间不同，管理的内容和重点均存在差异性，但一切管理中也存在共性，即存在实行科学管理的基础问题，其集中指向的是人和人的管理，因为人是最活跃的，起着决定性的作用。

制造业的第四次工业革命最终体现在数字技术和智能创造方面，无人化、少人化的智能制造是一个复杂的大系统。复杂系统包括两个特点，一是复杂程度高，二是耦合紧密。复杂程度高让系统变得不那么透明，使专家也只能看到系统的一部分。耦合指的是不同模块之间的紧密程度，连接得越紧密，越容易因为产品某个细节没有做好而影响整个生产过程，一个小错误可能导致一连串的系统失灵和崩溃。

生产力的发展依靠技术进步和产品质量。产品越复杂，其产业链就越长，在这个过程中，我们设计了极其复杂的协同系统，在技术进步的同时，产品质量、可靠性、安全性、可维护性越来越重要，产品之间的协同性要求也越来越高。

进步的悖论是指随着技术的进步，为其设计的协同系统会越来越复杂，而能力越强的系统，越容易因为一个小错误而出现系统失灵或崩溃。

在印度完成编写的代码软件，被安装在了美国波音生产的飞机上，之后造成了印度尼西亚和埃塞俄比亚的两场空难。两起坠机共造成了346人遇难。1989年，美国哥伦比亚号航天飞机爆炸事故，就是助燃火箭燃料存储箱的密封垫不合格所致，7个宇航员的生命，几十亿美元的财产瞬间化为乌有。

一连串的蝴蝶效应般的失误，向我们诠释了进步的悖论。智能制造虽然很好，但在智能制造产品系统越来越复杂的情况下，系统质量将显得越发重要。现在从数控单元到柔性生产制造系统，都是个性化需求的产物，都不可能大规模生产，也没有给你屡次试错的机会，机械、电气、液压、气动、光电、微电子、嵌入式传感系统、软件及包括机器在内的辅助系统，是成千上万个零件组成的复杂系统，只要有一处故障就会停机，故障排除显得更加困难。与单机相比，其停机的直接损失和间接损失是用户无法接受和承担的。如果只掌握了先进设计，而达不到一流的制造技术，在 21 世纪就进不了制造业强国的门槛。

相对其他国家来说，世界先进制造业国家已经跨越了"质量之坎"和"管理之坎"，并且还在改善。目前我们多数企业还没有跨越"质量之坎"和"管理之坎"，这也意味着我们即使拥有了先进新技术，基础研究、应用研究领域有了新突破，但在开发领域和制造领域上没有一流的质量保证体系，也只能形成二流的产品。反之，已经跨越"质量之坎"和"管理之坎"的欧美企业通过先进的管理，把科技转化为更好的市场需求的产品，仍然会占据高端市场。管理是科技的有效支撑，技术是竞争力，管理是竞争能力。

北京大学教授问任正非："人才是不是企业的核心竞争力？"任正非回答："不是，对人才的有效管理的能力才是企业的核心竞争力。"

在以往的产业分类中，我们往往将其划分为劳动密集型、资金密集型、技术密集型或以上要素复合的产业，但我们却忽视了与其具有内在联系的管理密集型产业。一般来说，先进制造业都是管理密集型产业。

2.3.3 科学技术和科学管理

2019 年 5 月 15 日，华为被美国政府列入黑名单，美国政府禁止美国相关企业向华为提供芯片与软件，并对全世界出口华为的供应商进行控制，其产品价格内含有美国技术价值在 25% 以上的产品均必须得到美国政府许可才能卖给华为，但制裁以失败告终。在华为被列入"实体清单"一周年之际，美国再次升级对华为的制裁，修改出口管理规定，凡含有美国技术的产品一律需要美国政府的批准，将 25% 归零，也就是只要采用美国相关技术和设备生产的芯片、半导体或者使用美国芯片技术和设备的外国企业供应华为的芯片时，都需要取得美国政府的许可。

美国以举国之力绞杀华为的原因是中国的技术攻势对美国构成了前所未有的挑战,动摇了美国全球技术领导地位。5G技术是21世纪通信领域的基础核心技术,是人工智能和智能创造的基础。5G技术处于正在形成的未来技术和工业世界的中心,是下一代工业系统的中枢神经系统。

华为5G的核心技术集于芯片,并且华为已掌握具有自主知识产权芯片的设计与软件,但问题在于我国(除台积电)尚未具有7nm及5nm的芯片制程能力、芯片制造设备、材料及工艺制造技术,它们都是科技与管理的产物,技术越复杂,管理越重要。

我们很多专家学者把中国的创新驱动、转型升级的前景和希望寄托在技术创新上,更关注基础研究和应用研究,更关注基础科研的投入和专利的数量。这是理所当然的,但不能完全解决问题。从先进制造业整体来看,一个国家的科技创新分两个层面。一个是国家层面,要高度重视科学前沿的基础研究及应用研究;另一个是企业层面,要高度重视开发研究,并把开发研究的技术成果转化为商品和品牌。在先进制造业的赶超过程中,我们要牢牢把握问题导向、目标导向、结果导向,导向是行动的指引和方向。问题导向是从当前存在的问题出发,思考工作切入点;目标导向是从将来出发,谋划长远和整体工作思路;结果导向是谋划和推动工作的根本评判依据,是问题导向和目标导向的落脚点。

因此,我们高度重视基础研究、应用研究,同时也要高度重视企业的开发研究,以及把科技成果转化为商品、品牌和形成具有竞争力的市场生态。一切工作最后都要落到结果上,我们在重视科技创新的同时,也要重视管理创新和创新管理,正确把握创新的整体思维、结果思维。

技术重要还是管理重要?具体问题要具体分析,一个产业、一个行业、一个企业和国外同行相比处于什么阶段,是模仿阶段、紧跟阶段还是赶超阶段?或者已处于领先地位?不同阶段的技术和管理具有不同的阶段特点和重要性,因此我们必须认清自身,认清问题的主要矛盾和次要矛盾,在解决主要矛盾后,次要矛盾就转换成主要矛盾,技术和管理都是矛盾的一个方面。

从技术和管理两个问题出发,我们想提出的是,在追赶和超越西方发达国家的过程中,要知晓哪些要素具有核心竞争力,哪个要素是最重要的核心竞争要素,从而使我们走一条最优赶超路径,选择一种最优赶超模式,这就要求我们从问题导向、目标导向、结果导向来看问题,从全局和局部的关系来看问题,从中国的国情出发来看问题。

2.4　中国制造缺少了什么

改革开放以来,中国制造业得到快速发展,在各个领域都取得了长足的进步,我们的制造业从小到大,品类从少到多,在世界市场上取得较大的市场份额,但我们清醒地认识到,通过努力,我们只有少数的优秀企业成为世界级品牌,大多数企业表现一般,我们还是制造业大国而没有成为制造业强国,我们仍处于世界产业链的中低端。

2.4.1　中国制造呼唤先进制造业文化

科技部原部长徐冠华说:文化是科学进步的母体,是经济社会发展的先声。先进生产力的出现不以人的意志为转移,它总要寻找它的落脚点,而且往往是在最适宜的文化环境里突破。一个社会的文化氛围不仅影响科技知识和成果的出现,更会影响到科学知识的传播以及科技成果向现实的转化。工业化的历程告诉我们,越是创新活跃的地方,就越容易形成产业的舞台,越容易形成创新集群以及各类资源汇聚的经济中心,一旦创新活动丧失,就面临在竞争中出局的危险。18世纪以来,国家经济强弱的转换实质上是创新能力强弱转换的结果,其中无不包含着深厚的文化根由。

为什么新的工业革命不是发生在初始科技和经济领先的国家?我们

还可以追问：同样制度体系下，为什么不同国家的科技创新会有不同的结果？有很多学者对这类问题做了深入分析，结论都不约而同地直指文化环境这一潜在的、深层的因素。

美国科技和经济的发展也是文化与创新互动的结果。美国是个移民国家，这决定了其文化的包容性，这种包容性反过来又变成文化促进创新的重要条件，开放性的移民文化为各种文化观念的撞击创造了条件。人们在竞争、迁徙中形成了实用主义思想观念，以及更加重视策略、看重效果的行为模式。因此，以市场机制促进科技成果的产业化，探索管理机制的创新，在美国都会得到鼓励。

在我国，当前的以及正在形成的文化可以从观念、制度、方法、习性、价值多个层面影响科学技术和经济产业的发展，这种影响可以是积极的、正面的，也可以是消极的、起阻碍作用的。所以，一个社会越是希望科学技术和经济产业健康发展，越是希望新的科技革命、产业革命走向成功，就越应该关注如何营造良好的、有利于创新的文化环境。

2.4.2 中外制造业文化背景差别

几千年延绵不断的历史，使中国几乎在所有领域都形成了自己的知识体系和实践的传统，我们在文化、哲学、语言、文字、宗教、教育、艺术、音乐、戏剧、文学、建筑、军事、医学、饮食等方面都有自己博大精深、自成体系的一面。中国在过去几千年时间里，经济、社会、文化发展领域均领先于世界，但为什么新中国成立时，中国经济却远远落后于西方国家？这些问题都可以从近代历史上中西方文化背景的变化上去分析。

近500年来，西方开始了资本主义的萌芽和资本主义工业化，西方资本主义国家从农业文明走向工业文明，工业化奠定了西方文化的基础，并体现出以下特点：

（1）西方文化与哲学侧重于人与自然的思维关系，注重自然变化的内在规律并使之为人类服务。

（2）近代科学的兴起是与欧洲资本主义发展相伴随的，西方的科学史是一部追求科学、坚持真理、与宗教权威作斗争的科学史。

（3）由于资本主义经济进一步发展，人们思想进一步解放，更注重挑战、冒险、创新的科学精神、严谨的逻辑思维和工作方法。

（4）重视教育。在19世纪初，德国就开始实行全面教育，学术交流活跃，重视科学和技术普及。实行专利制度保护，激励创新发明，强调尊重知识、对知识产权的保护、对发明人的激励。

中国传统价值观及科学技术发展有以下特点：

（1）中国文化与哲学是中国传统文化的核心，有别于西方文化哲学。中国文化与哲学侧重于治国理政思想，侧重于社会和人生，注重人与人的关系。中国传统文化为道德型文化，有别于西方自然科学型文化。

（2）中国封建社会生产关系受到小农经济的束缚，重农抑商思想成为科技发展的阻碍。中国"以和为贵"的中庸思想与挑战、冒险、创新的科学精神相悖，影响了近代科学在中国的产生与传播。

（3）在中国，读书的目的是做官，成为圣贤，人们对自然科学与技术不屑一顾，认为那些不过是雕虫小技。

（4）明、清两代的统治者以妄自尊大的观念与大一统的体制推动闭关锁国政策，关闭了我国与世界交往的大门，致使中国与世界隔绝，与世界科技发展和工业革命失之交臂。中国工业发展一直处于落后的局面，列强入侵使中国遭受深重的灾难，无暇顾及科技发展，饱尝了艰难苦果。

2.4.3 先进制造业文化缺失

中国当代著名经济学家金碚曾经说过：世界工业化已经有两百多年的历史，每个国家在工业化的进程中大体都是沿着这样一条路的。初期的决定性因素大多都是资源；到一定阶段后，技术越来越重要；再往下发展，文化的因素会越来越重要，其影响越来越深刻。现代经济发展和产业的国际竞争，正越来越触及民族文化的深层。民族文化的特点决定了我们当下的产业。全世界有 60 多个国家实现了工业化，进入了工业社会。这个发展的过程大同小异，都是轻工业发展、重工业发展，由第二产业向第三产业发展，经济学家把它叫作标准形式。但是到了工业化的后期，世界上几乎没有两个国家是一样的，其中很深刻的原因是文化。每个国家的文化都是不同的，一个国家长期积累下来的个人观念和行为特征形成了文化，每个人都不一样，每个国家的人都不一样，所以最后文化也不一样。①

制造业文化是指制造业与文化相结合而产生的文化，它是与制造业生产活动紧密联系的人的精神层面的思维在文化上的反映。两百多年以来的科技进步，工业化进程的发展，使制造业内部生产技术和生产组织发生了空前的变化，先进制造业文化就是在这个过程中由世界各国的企业界、经济理论界在实践中不断探索不断总结的文化成果，它符合制造业生产的内在客观规律，助推了许多企业获得成功。制造业文化的价值观是构成制造业文化最为核心的部分，由于历史不同，自然环境不同、信仰不同、行为习惯不同，对制造业的理解和接受不同，制造业的价值观自然也不同，这种不同的价值观形成了各个国家、地区制造业文化的差异性，它以隐形的方式存在于特定的社会群体与组织当中，并外化为劳动者的思想方式和行为方式。对先进制造业文化的认识有一个从浅到深、从量变到质变，从自发到自觉的过程。在制造业强国，对先进制造业文化的认识已经实现了多数企业的自觉和少数企业的自发，中国虽然已成为制造业大国，但在对先进制造业文化的理解上还处在少数企业的自觉和多数企业的自发阶段，这就是制造业大国和强国在制造业结构和制造业模式方面存在差别的原因。

---

① 王新哲,孙星,罗民. 工业文化[M]. 北京:电子工业出版社,2016(8):184.

新中国成立后，中国经济模式是学习苏联的计划经济，缺少市场竞争的压力和动力，难以产生先进制造业文化。过去的企业都是国有企业，都是政府办的，企业有意或无意中形成的文化，都伴随着深厚的政府文化色彩，是当时政府文化传播过程的延伸，它并没有体现出企业本身应具有的文化特征。

中国真正营造制造业文化环境的时间只有30年。在这30年里，中国制造业的数量迅速增长，无数创业者进行了身份转变，同时创业者也进入了对制造业文化的认识从自发到自觉的转变过程，这个转变需要时间，而且这种转变会受到社会价值观的影响。一个社会中的价值观、态度、信念、取向以及人们普遍持有的见解和固有习惯很难被打破，所以对中国制造业来说，要花很大力气冲破原有的不利的文化烙印并形成一种积极开放的心智。在制造业领域，营造一种积极进取、敢于挑战的创新精神，加快制造业文化自觉，加快制造业文化进化。

文化是决定和影响制造业创新最长久、最根本的动因，我们必须从宏观上审视文化与制造业创新的内在关系。任何兴旺发达的城市和地区往往是文化最活跃、思想碰撞最激烈的地区，文化的流动不断催生文化的分解、融合和创新，推动着文化新旧形态的转换，而没有流动文化或流动文化很少光顾的地区，往往是落后的地区。落后的经济背后是落后的文化。经济落后地区的人总是有一种保守和不思进取的心态，小富即安、墨守成规，根源就在于他们保守的文化和不开放的僵化思想，被陈旧的传统观念所束缚。

从微观上看，企业文化不仅是企业实践的产物，而且作为一种观念形态反作用于企业实践。企业经营管理的好坏成败，取决于企业的管理哲学、经营理念。没有新思维、新观念的指导，企业无法取得成功，企业文化是企业成功的内在思想形态的核心。

重视文化的企业，其经营不一定会成功，但不重视文化的企业，其经营一定是失败的。

优秀的企业必须做到对先进文化的深刻理解和对企业自身特征的深刻把握，好的企业文化一定符合本企业的实际情况，符合企业的发展方向，适应时代的发展要求，易被广大员工认同并践行。在中国凡是优秀的企业或知名品牌，无一不是企业文化做得好的企业。

制造业大而不强，是由于在创新和管理上缺少进取精神、敬业精神、工匠精神，这些都是先进制造业文化的缺失。无论是宏观还是微观层面，抛开文化的原因，就不能找到其他令人信服的答案。

可见，制约中国制造的最根本原因是缺少先进制造业文化。

先进制造业文化
中国制造业转型升级的必由之路

3 文化对各国制造业的影响

企业文化是民族文化或者社会文化的子文化，民族文化必然影响企业文化。中西方历史背景不同，文化意识不同，因此对制造业文化的理解也不同，我们只有认真分析具体文化差异点，找出制造业群体的潜意识和无意识差别，才能在更深层次的文化层面剖析制造业的文化差距。

3.1　美国制造业文化主体特征

从美国的发展历史看,美国是个典型的移民国家,美国没有经历过封建社会,而是直接进入到资本主义社会,因而没有形成一般封建社会那种"大家族式"的"群体"意识,也没有农耕社会遗留的血缘观念以及寻求稳定的保守性格。相反,新教伦理所提倡的个人至上、个人奋斗的个人主义却得到了充分的发展,使当今的美国社会成为个人主义表现最露骨、最淋漓尽致的社会。其渊源主要是欧洲,尤其是英国的传统文化,同时又拓展了当时美国西部大开发以及以个人主义为中心的奋斗精神。

3.1.1　美国社会文化主体特征

美国社会的文化特点是崇尚科学理性与自由精神,讲求功利主义和实用主义,富有冒险、开拓创新精神,既尊重个人价值,又重视法律和制度。

(1) 个人英雄主义。从根本上说,现实生活中的美国人的伦理观念源于新教伦理,人只有靠自己才能获得救赎。强调通过个人奋斗追求个人价值的最终实现,其积极意义是调动了个人的积极性,使许多人的智慧和积极性得以发挥,从而促进国家的振兴和发展。由于对个人主义思想的推崇，美国人成为个人英雄主义的崇拜者。

（2）自由主义。美国受移民资产阶级自由、平等思想的影响很深，所以逐渐形成一个崇尚自由的社会。除法律规定以外，每个人的自由应由自己支配而不是由他人支配，法律和政府的使命是保护自由。这些思想构成了美国自由主义文化的核心内容。

（3）理性主义和危机意识。崇尚科学和理性是欧洲的文化传统。注重理性，崇尚智慧，强调观察，推崇演绎和实证分析，把一切都拿到科学和理论面前来重新评估。

理性主义还包括忧患意识和居安思危观念，苏联人造卫星上天和日本经济崛起，都刺激美国提振发展动力。

（4）功利主义和实用主义。美国人的哲学就是实用主义和功利主义。"有用、有效、有利就是真理"，成功就是真理。打破一切条条框框，服从于解决实际问题，形成了美国实用主义的哲学观。赚钱是美国人的主要目标。把信念当作出发点，把采取行动当作主要手段，把获得效果当作最高目标，一切为了效益和成功。

3.1.2　美国企业文化特征

美国式的文化对美国企业文化的形成起决定作用，具体来看，它决定企业的主导是以个人主义为中心的。以个人主义为中心的美国企业文化，强调个人绩效、个人激励、个人利益，个体主张平等自由，但遵守契约。企业的目标是唯一的，即经济利益最大化，企业文化中的以人为本也服从企业的商业利益。对人才，美国奉行能力至上主义，倡导个人能力的独立发挥，注重个人的效率，并且突出企业经营者个人在企业中的重要作用，崇拜新美国英雄——企业家。企业以目标管理专业化为导向，注重流程、分工明确、工作标准严格，制度详尽，强调计划、目标、执行、绩效。

美国的制造文化更凸显了对科学技术的研究和对企业管理的研究。

从 20 世纪初到 21 世纪，绝大部分科学技术和企业管理的先进理念和新思想，都出自美国的科学家、经济学家和企业家，他们引导世界科技和企业管理的革命。

现代美国企业文化一般具有以下特点：

（1）注重个人能力的发挥和企业家的作用。

美国人的个人英雄主义和自由主义文化决定了美国企业必定注重个人能力的发挥和强调企业家的作用，推崇通过个人奋斗取得成功，在这种价值观理念支持下的美国社会，企业家普遍受到尊重。

美国的企业家被称作"新美国英雄"，是美国企业的"中流砥柱"。企业家个人的才能比企业作为一个组织的作用大得多。这个观念既是美国企业文化的总结，也强化了美国个人主义、实用主义、功利主义的文化理念。

（2）重契约轻情感。

作为移民国家，大家都在一个起跑线上。因此，美国人淡薄亲情，对血缘关系的依赖非常小。美国人一般不进入互相依赖、连带性很强的"关系网"，喜欢独立不羁，保持自我情感的自主。因此，在美国企业中，普遍奉行的理念是强调制度、守秩序。一般企业都制定详细严格的规章制度，赏罚分明，企业和员工的关系主要靠契约，而不靠情感来维系。企业管理更加趋向于严密化、定量化、科学化、法制化和理性化。

（3）宽容失败，鼓励冒险和创新。

受美国移民文化影响，美国人乐于创新冒险，所以美国企业普遍存在着容忍失败的文化氛围，允许人们因创新和冒险犯"合理错误"。冒险和创新是美国企业文化的灵魂。创新是企业生存之本，美国企业的创新以企业家的创新精神为主导。美国创新擅长颠覆和重新定义问题，并以此始终占据新技术产业链高地。正是美国企业家这种执着的创新精神，才使美国近百年来一直引领着世界发展的潮流。

(4) 注重管理，善于学习。

美国是世界企业管理的引领者，100多年来，从泰勒科学管理理论到行为科学与管理科学的发展，以及大部分企业管理的先进理念和新思想都出自美国企业家和企业经济理论家。美国企业善于学习，强调一切以数据说话，在解决问题的方式上最注重数据的作用，不仅重视对数据的积累，更重视对数据的分析，从数据中获得新的知识，这也是知识形成和传承的过程优势。

在20世纪80年代初，日本创造的经济神话，使美国深刻反省自己在企业管理过程中过分理性主义的弊端，吸收了日本团队文化、情感文化，充分发挥人在企业中的积极性和主观能动性，与本国鼓励创新、崇尚个人能力相结合，形成独特的美国企业文化。

3.2 德国制造业文化主体特征

德国处于欧洲中部内陆,海岸线很短,与9个国家接壤,有着重要的战略地位,而这也注定了日耳曼人难逃战争洗礼的命运,历史上,德意志常常成为其他列强的袭击对象。在德国统一之前,这个地区呈现出分裂落后的状况,这样相对劣势的地理环境形成了德国人心理上的忧患意识。

3.2.1 德国社会文化主体特征

德意志文化是一个民族在经历千年苦难、坎坷、欺凌、分裂、内耗的过程中洗练而成的,是对历史的反思,是对民族精神的拯救,是一切后进民族追求民族自强、奋起直追的榜样。

(1) 文化大国。

德国首先成为一个文化大国,然后才成为一个政治强国,之后才成为经济强国。德国首先在文化上统一,然后才在政治上统一,德国经济有着深厚的文化基础。

德国近200年的文化启蒙运动使德国人面对德国分裂落后的状况产生了浓烈的民族情感,其成就奠定了德意志民族的文化自信。德国文化在逐渐成长过程中,不仅构建起德意志民族的自信,而且催生出德意志的文化民族性。

（2）哲学大国。

德国的哲学家构成一个强大的群落，德国也因此获得了"哲学王国"的美誉，德国哲学理性严谨，独步世界。德国古典哲学是马克思主义理论的来源之一。马克思、恩格斯批判地改造了德国古典哲学，使哲学思想发生了革命性变革。德国哲学界的理性和严谨是德国文化的反映，也促进了德国文化理性严谨的逻辑思维方式。

德语是世界上最富逻辑性的一门语言，它的语言规律非常严格，语法和词汇不可能出现模糊，这就造就了德国人一丝不苟、重视纪律的特性，也孕育了德国人的严密逻辑和抽象思维。

（3）教育大国。

德国是现代大学的发源地。德国柏林大学的办学理念是将教学和科研相结合，提倡学术自由思想，从而创造了近代大学的模式，对世界高等教育产生了深远影响。柏林大学的创立，使德国原本大大落后的科学研究快速赶上英法等国，甚至后来居上。

德国"双元制"的职业教育是德国教育的基础模式，是德国制造的人力资本基础。

（4）严谨、冷静而内敛的民族。

德国民族和意大利、法国民族不同，德国人往往具有理智执着、不容易受到外界诱惑的特质。德国民族有着严谨、冷静而内敛的特性，他们乐于遵守自己制定的各种规章和制度并引以为傲。精确而合理的种种安排，让德国社会有条不紊、按部就班地稳定前进。

3.2.2　德国企业文化特征

德国的历史和文化深刻地影响了德国制造业的企业文化，德国的历史和文化催生了诗人、哲学家、作曲家，同样也催生了德国的科学家、工程师和企业家。德国的民族文化对德国企业文化有着深远的影响。

"理性严谨"这个词汇充分反映了德国制造业的核心文化。德国制造业被称为"众厂之厂",是世界机械制造业的先进装备制造的提供者。

(1) 标准主义。德国是世界工业标准的发源地。DIN 标准涵盖了机械、化工、汽车、服务业等所有产业门类,超过 3 万项,是德国制造的基础。全球 2/3 的国际机械标准来自"德国标准化学会"标准,标准主义在德国企业的具体表现是"标准为准""标准为先",标准就是法律。"标准主义"的时间维度表现是"程序主义",空间表现是"秩序主义"。德国人特别遵守程序和秩序。德国企业无须推进 5S 管理,即整理、整顿、清扫、清洁、素养,因为一切都在自觉之中进行,一切物品摆放都井然有序。

(2) 专注精神。在德国,专注是"理性严谨"民族特性的行为方式,德国企业专注主业和独特地位,德国制造业不追求规模,但求最强,在德国中小企业中有无数"隐形冠军",掌握着独特技术。德国企业的核心优势是建立在非短期盈利发展目标上的,力求构建长期发展的企业生态环境,他们几十年、上百年专注于某一项产品领域,并成就大业,高度专注和专业化是德国企业的核心。德国企业的这种理念使绝大多数企业对资本市场敬而远之。

(3) 完美主义。标准主义和专注精神必定产生完美主义。日本制造过程中追求完美的重点放在人的预防上,而德国在制造过程中追求完美是放在设备系统上,并且具有最完善的二类工具。德国企业解决问题的逻辑是:将解决问题的知识和流程固化到装备生产线中,使设备和生产系统不断升级。比如最好的 EKP(企业知识管理)、MES(制造执行系统)、APS(生产计划排产系统)等软件供应商都来自德国。因此德国提出工业 4.0 计划也就不难理解了。

德国产品的完美主义还表现在产品的经久耐用上,经久耐用是德国制造的代名词。

(4) 企业职业教育。德国采用双元制入职教育,学员具有双重身份，既是在校学生又是企业员工，德国企业承担职教中相关老师的工资，并发给学生相应的生活费，教育费用由政府和企业共同承担。德国双元制职业教育的核心是强调理论和实践的密切结合。

德国企业根据自身的规模大小，实施灵活多样的终身教育，形成企业内培训和跨企业培训，既有离岗培训又有在岗培训，实现培训—就业—再培训—职业升级—再培训的循环往复，企业与培训机构、学校之间长期进行互动，从而形成既有扎实理论基础，又具有丰富实践经验的师资队伍。

德国企业高度重视人力资源管理，对人才培养、培训的投资是对公司未来的投资，人力资源是企业的宝贵财富。企业是股东和员工的共赢平台，这一观点在德国企业中已经形成了普遍共识。

3.3 日本制造业文化主体特征

日本能够成功,除了世界经济一体化的发展创造了有利于其发展的经济环境外,其在传统文化思潮影响下所形成的企业文化在整个经济发展中同样起着举足轻重的作用。

3.3.1 日本社会文化主体特征

日本在历史上经历了漫长的封建社会。日本是个岛国,又处在地震带上,资源匮乏、环境恶劣,形成了具有日本特色的以集团主义为中心的社会文化。日本文化是外来文化与自身文化"融会贯通"的结果。日本的文化是在本土文化的基础上,吸收了中国的儒家文化和西方工业文化而形成的具有日本特色的民族文化。根据日本著名学者上山春平的观点,构成今天日本文化表层的是具有国际特色的文化,具有浓厚的欧洲色彩,但若剥去这一层,其下的是中国文化色彩很强的"农业社会"的儒家文化,再下层便是日本绳纹时代农耕以前的狩猎采集文化。在上山春平先生所言的日本文化分层结构中,隐匿最深、对今日日本影响最大并决定着今日日本文化基调的仍然是绳纹文化。而日本企业又是从武士阶层中首先发展起来的,武士阶层具有强烈的民族意识,对日本文化有深刻的影响①。

（1）集团主义意识。日本民族精神的核心是集团主义或集团意识。这种集团意识也是集体主义思想，只不过这种集体主义有很强的集团色彩。

从集团主义思想的演变来看，由于日本列岛与外界隔绝、资源贫乏、地震频发等独特的地理环境，日本人有一种与生俱来的忧患意识，并由此产生了精诚团结、同舟共济的生命一体感意识。

集团主义强调一切以集团意识为本位，以集团利益为中心，倡导个体对群体的归属，强调群体的和谐统一和家族意识。

（2）特殊的家族精神。日本的家族是一种特殊形态的家族，与其说它是家族，不如称之为"家户"。它是建立在模拟血缘关系基础上的一种身份关系，即在日本的家族关系中，血缘关系不是第一条件，即使是长工或有能力的雇员这些非血缘者，也可以在家族关系中获得一定的身份而成为家族的成员，受到家族的保护。日本家文化中的血缘亲情关系和中国不完全相同，这可从日本姓氏命名文化中看出来。日本明治维新之前，日本人的姓很少，只有贵族和上层人士才有姓，一般百姓没有姓。到了明治八年，日本政府要整顿户籍，强制老百姓必须有名有姓，因此，日本的姓氏和身份职业、地名、环境等有关。

（3）"亲和一致"精神。在日本人那里，"以和为贵"又称为"亲和一致"。"亲和一致"精神就是珍视和谐统一、协调合作、互助产生力量，就是提倡自我约束、克己忍耐、宽厚待人，就意味着通情达理、体谅别人，因此，日本的"亲和一致"的内涵非常丰富。

"以和为贵"是儒家主要的伦理观念，这种伦理观念传入日本以后深深地注入大和民族的灵魂深处，导致日本形成了独具特色的"亲和一致"的民族精神。

---

① 吴文盛. 企业核心竞争力的文化根源[M]. 北京:中国经济出版社,2006:94.

（4）精诚效忠精神。日本经历了漫长的封建社会，其封建制度的维系靠的就是个人的精诚效忠精神。日本的"忠"和"诚"是学习中国儒家文化的结果，但并非全盘照搬，而是有所选择，并加以日本化。它抛弃了中国儒学的"仁"本位，置换为无条件的"忠"。同时将中国儒教中的"勇敢"特别加以突出和强调，以忠诚、勇敢、礼义、节俭、信义为日本儒教的五大美德。

日本的精诚效忠精神还表现在国民团结一致的精神上。始终保持国民团结一致的民族精神是日本经济成功的关键，日本人在这方面的表现比世界上其他很多民族要优秀得多。

3.3.2 日本企业文化特征

日本民族文化对企业文化的影响较其他国家深远得多，重视文化与管理的嫁接，使日本获得了空前的成功。尽管日本和中国的传统文化都是儒家文化，但是日本企业文化和中国企业文化仍存在明显区别。日本的家文化并不强调血缘关系的绝对性，血缘观念比较淡漠，非血缘关系的人照样可以成为家庭成员。由此可见日本的家文化是以集团主义为中心的。中国企业员工对企业的忠诚度不如日本企业，员工的集体意识也不如日本企业。日本企业的团队精神和抱团打天下的意识是全世界其他民族少有的。在日本，大家把公司看得比家庭还重要，对他们而言，最大的耻辱莫过于被排除在群体之外，日本企业文化表现在重团队、重群体、守纪律、讲规矩上。日本企业提倡为组织整体而牺牲个体，这是日本社会的一种风气，也是日本企业最核心的文化。日本企业更注重学习西方工业文明中的优秀文化，注重科学管理，通过对人的管理把科学管理做到极致而形成具有日本企业文化的精益文化。通过精益文化把产品质量做得更好，把成本降得更低，使效率更高。日本企业的竞争优势体现了日本企业文化的竞争能力。

（1）追求经济效益与产业报国的双重目标。与西方企业追求利润最大化的奋斗目标不同，日本企业强调追求经济效益和产业报国的双重价值目标。日本的集团主义意识和精诚效忠精神，使其功利道德在一定意义上摆脱了个人主义的束缚，上升至国家整体观念的境界，即国家利益的维护与实现仍是人生最大的幸福之道。因此，在日本国家利益受到影响的关头，不同企业常常能够密切合作，特别是在国际竞争中，减少了企业之间相互过度竞争。

（2）企业家族化。家族主义和村社的群体意识存留于日本传统文化当中，形成大和民族的"亲和一致"精神，这种精神融合中国儒家文化重视思想统治、讲究伦理道德的思想，根植于日本企业现代管理实践中，成为日本企业文化的"魂"。它强调企业就是一个大家庭，提倡群体的"亲和感"和"归属感"，强调劳资一家、和谐一致，使企业全体职工结成"命运共同体"。员工对企业坚守忠诚，信奉规矩，对企业有着很强的归属感。

（3）追求至善、追求完美的专业精神。日本企业追求产品高品质，一丝不苟、精益求精、锲而不舍的精神和日本企业精打细算的精明使日本产品通过全面质量管理和精益生产在品质、效率、成本控制方面做到极致，从而获得竞争力。日本企业成功地走出了一条从"模仿创新"到"自主创新"的道路，它们在吸收美国技术、专利的基础上，尽可能去提高模仿品的质量和功能，融入自己的创新元素，这是日本进入发达国家行列的关键。日本企业文化的重要特点是无论做什么，皆力求最好，心无旁骛，精益求精。

（4）经营即教育。日本企业非常重视"育人"，把育人融入企业的经营过程中，提出"经营"即教育的思想。日本企业强调以人为本，重视感情投资和道德教化，重视价值观培训、技术培训和文化软管理，日本的"工匠精神"有其历史渊源，在日本现代企业发展过程中，工匠精神得以延续和深化。

美国、德国、日本三国的企业模式及企业文化各有不同，但三个国家的企业文化都高度体现了工业文化、先进制造业文化内涵，企业更是通过自身组织，把这些文化进行提炼转化成企业价值观、经营理念、企业精神、制度和行为准则，从而使企业文化成为企业的核心竞争力。美国、德国、日本企业的管理，特别是质量管理都具有一套完整的体系，体系的执行达到世界领先水平。因此，它们把科技创新放在竞争的优先位置。

美国、德国、日本之所以在工业发达国家之中能更胜一筹，源于它们的企业文化在现代工业文化中体现得更深刻。它们把创新与管理做到极致，说到底还是因制造业文化的差距而形成品牌差距，而这种品牌效应放大了它们在市场上的竞争优势，呈现出马太效应，使强者更强。

我们在看到国外先进制造业文化优势一面的同时，也要看到其不足的一面，美国的个人主义价值观更强调个人能力，不利于集体主义思想。美国新自由主义经济"股东利益至上"的思想，造成股东与企业员工、工会之间出现严重对立和撕裂；美国的大科技公司和大金融公司利用技术和金钱的结盟，几乎完全绑架了社会的发展，社会贫富分化日益严重。日本制造优势和过度工匠精神使日本更容易走上"延续性创新"的道路。在近20年的新旧技术更替过程中，日本企业更容易在原有技术轨道上坚守，而轻视了市场主导的技术需求，让日本制造跌入了"创新陷阱"。

3.4 中国制造业文化主体特征

中国五千年的文明史,积淀了厚重的中华文化。中华文化博大精深,主流是儒家文化;中国传统文化以宗族主义为中心,尊祖宗、尚人伦、讲仁义、重感情。

3.4.1 中国传统文化

中国长期的农业社会形成了吃苦耐劳的民族精神,同时也形成了过于追求稳定,不敢冒险和以家族、宗族为中心的农业文化。农业社会最重视稳定,害怕风险,中国人最喜欢的是风调雨顺,四时有序,因为农业生产必须稳定,有大的变动可能造成颗粒无收。农业社会的发展是平的,一千年过去,社会还是一个样子,人们的生活也还是一个样子,这就形成了求稳怕乱的文化。另外,农业社会的生产方式,需要投入大量的劳动力,用人力来征服自然,获取生存资料,因此男性是家庭生产的主导者。农业社会的生产方式,使家庭的财产积累非常有限,好不容易扩大的家庭财产一定要防止外人分割,因而以男性血缘关系为主的家庭制度得以确立,这是当时农业社会自给自足的自然经济决定的。

血缘关系在传统的中国社会具有极其重要的地位,传统的中国社会基本细胞——家庭是建立在男性父子血缘关系的基础上的,男性一代一代生命延续的过程是家族产生的过程。姓氏是这一过程的显性化,经过一代一代的繁衍,形成了庞大的家族体系——宗族。这样,从家庭延伸到家族,再延伸到家族体系,整个社会就形成了典型的宗法家族社会。其基本特征是以血缘关系为基础,依据亲属关系和人伦秩序来确定人们的尊贵卑贱地位,构建起家庭、家族、社会的整体关系,"家—家族—宗族—国家"形成了一张巨大的网络,每个人都成为网络上的一点。儒家文化就是在这种宗法家族社会中形成、演变和发展起来的。[①]

从社会现实来看,家庭在中国人的心目中具有极高的地位。因此,在中国人的传统观念中,往往将他人分为"自己人"和"外人"两大类别,并按系谱的亲疏远近,分为家人、族亲、姻亲、近亲、远亲、同学、同乡、同姓及其他次要派别。对待"自己人"和"外人"在各个方面都明显不同,有主次轻重之分。

费孝通用差序格局来形容这种关系,认为其是如一轮轮纹状,以自己为中心向外推,越推越远,越远关系也越薄的人际网络。因此,在这种文化背景下,每个人的基本行为模式都是相互依赖的,即在亲戚关系网中,每个人都十分明确自己的义务、责任以及被赋予的回报。父母的恩义、宗族的传统把自己养育长大,而行"孝"即光宗耀祖,则是对这些恩义的回报。宗族成为所有成员人生领域的起点和终点。[②]

在中国传统文化中,家庭是社会的细胞,而家族、宗族、国家是家庭的延伸,因而国家的责任、宗族的责任、家族的责任就是个人的责任。传统文化有"先天下之忧而忧,后天下之乐而乐""国家兴亡,匹夫有责""舍小家顾大家"等思想,以及"个人利益服从集体利益,集体利益服从国家利益"的整体利益观。深受这种文化熏陶的中国人民在经历闭关锁国、吸取落后就要挨打的深刻教训以后,更强调个人、家庭、组织

[①] 吴文盛. 企业核心竞争力的文化根源[M]. 北京:中国经济出版社,2006:106.
[②] 吴文盛. 企业核心竞争力的文化根源[M]. 北京:中国经济出版社,2006:108.

的社会责任意识。

从两千多年来儒家文化的发展历史来看，由孔子创立的儒家思想进入社会上层，成为统治者的治国思想。到西汉，"罢黜百家，独尊儒术"，儒家思想达到历史上的巅峰时期，而到宋明时期，宋明理学在恢复、维护孔孟之道的同时，又吸收了佛教、道教的思想成果，建立了新儒学，即儒、释、道三者融合的产物。

儒家思想深入百姓、深入民间，无处不在，至今仍然深深地影响着华夏子孙的思维方式和行为方式。作为我国传统文化中的主流文化，它是积极向上的，积淀着中华民族最深沉的精神追求，如"己所不欲，勿施于人"的处世之道，"仁者爱人"的百善之源思想，"以和为贵"的礼仪之邦传统，"天下为公"的社会理念，"扶危济贫"的公德意识，"自强不息"的奋斗精神，"舍生取义"的牺牲精神，"天下兴亡，匹夫有责"的担当精神，"精忠报国"的爱国情怀，"以人为本"的治国理念，"居安思危"的忧患意识，"和而不同"的东方智慧，"革故鼎新"的创新思想，一直是中华民族和中国人民治国理政和处世的哲学，它引导我国两千年的文化主体思想，给世界带来积极的影响。

3.4.2 传统文化对中国企业文化的影响

中国传统文化具有悠久历史和丰富内涵，它对中国当代企业文化的形成发展产生深刻影响，一方面，优秀传统文化将其内在精神、行为准则、价值观融入企业文化，成为企业发展的指引力和推动力。另一方面，传统文化中与时代相悖的消极观点、理念也给企业文化带来负面影响，产生一系列文化矛盾。辩证对待传统文化，解决企业文化冲突，在企业文化建设中发展性吸收和运用传统文化的优秀成果并克服其糟粕，学习世界各民族文化中适合现代工业文明的优秀文化，古为今用，洋为中用，是推动具有中国特色社会主义企业文化建设的关键。此处先讨论传统文化的正面影响。

（1）仁者爱人。"仁"是儒家伦理思想的核心。在中国传统道德中，"仁"是四德、五常之首，是百善之源，它要求人们善良厚道。孔子曰：仁者爱人也。孟子也强调一个国、一个家乃至一个普通人的存废兴衰都在于"仁"与"不仁"。只有以仁爱之心对待客户和消费者，才能得人心，从而也能得市场，买卖兴隆；反之，如果用坑、蒙、拐、骗等手段坑害客户和消费者，到最后势必失去大家的信任，失掉客户和消费者。

（2）至诚守信。诚信是中国儒家传统道德，也是儒家伦理思想的重要内容。诚信被儒家视为"立人之道、立政之本"。"信，诚也"。儒家十分崇尚"信"这种品德。孔子认为，"信"是一个人必须具备的德行。中国企业继承了至诚守信的儒家传统道德思想，并把它作为商业行为，首先来规范和约束企业与员工的行为，使企业得到消费者的信赖。

（3）以利从义、兼顾义利。义高于利，人应该重义轻利，以义作为最高的价值选择目标。儒家主要反对那种唯利是图，不重视公利，不择手段去追求个人私利的见利忘义行为。儒家讲究"财自道生，利缘义取""君子爱财，取之有道"的商业道德。这里的"道"就是"义"。

（4）以和为贵，和气生财。中国是礼仪之邦，历来倡导"和为贵，和气生财"的伦理道德，这些传统的伦理道德观念经过长期积累，渗透到企业中，成为企业文化的重要内容。企业以和为贵，可以化解企业内部的各种矛盾，增强企业的凝聚力；可以密切企业与社会、企业与消费者、企业与合作者之间的关系，精诚合作，和气生财。按现代理念，那就是群体意识、大局意识、竞争与合作意识、和谐共生意识。

（5）以人为本。儒家文化是以人为中心的文化，儒家创始人孔子在中国思想史上最大的贡献是他最早把当时人们的视野从"天"转向"人"，重视"人与人际关系"，提高人的地位，强调人的作用。中国传统文化非常重视人的作用，更注重个人的德行，即修身养性，认为人的德行是第一位的。人才是企业兴衰的关键，也是市场竞争的关键，这一点受到越来越多的企业家的高度重视。

中国的百年企业、"中华老字号"都具有上述的文化烙印，并且这些文化广为流传。

3.4.3 制造业文化"先天不足"

我国有自己的优秀历史文化，中国人民吃苦耐劳、勤劳勇敢、坚韧不拔的品格是全世界公认的，中国人也是全世界最渴望改变命运的人，他们忍耐、沉稳，就如《愚公移山》寓言中老愚公那样带领子子孙孙挖山不止。但近几百年来中国闭关锁国的历史，使我们与发达国家在科技和工业领域拉开了差距，其背后是对工业文化理解的差异。对先进工业文化的认知，将决定我们实体经济的竞争态势。

（1）"关系"中国传统社会以血缘为纽带，以私人关系为网络，这个网络的中心就是自己，这样的乡土社会具有私利性、排他性和封闭性，维持人际关系基本靠"人情"。这就形成了"自己人"要讲情面的观念，缺少了理性，必然会导致失去正确的价值取向和法治精神。

"关系"的最根本基础就是血缘和地缘，家族关系、熟人关系、地域关系，通过恩惠及礼尚往来，相互作用。"关系"之间的成员信任和信用不断得以巩固，形成"自己人""小圈子"，这种小圈子有着共同利益、共同语言。关系文化由来已久，根深蒂固，是中国传统社会有别于西方工业发达国家的一种社会现象。在中国社会中，有人将关系视为一种生存技能和一种社会资本，努力扩张关系网成为一种社会现象。这种"关系"往往是人人痛恨而又人人向往的一种矛盾交叉。"关系"的本质是"圈内"成员之间互惠互换，中国社会的"关系"形成"圈内人"的负面特质，就会导致社会整体不平等。这种状况使社会底层没有"关系"的人的生存受到挤压，影响了社会人力资源正常流动，挫伤了人们向上努力的积极性，也会导致民营企业生存环境差，使区域经济失去竞争力。这种落后的"关系文化"，一旦在一个地区或区域形成一种潜规则，就会对经济发展形成极大的破坏力，是直接影响社会与区域变革成功的一个关键因素。

（2）"差不多"和"马马虎虎"现象。中国农业社会形成以家庭为本位的社会制度，对中国古代农业生产和封建社会的稳定和发展起到积极作用。同时，以家庭为本位的价值观也具有不足之处。分散的农业生产方式决定了社会团体的缺失，中国缺少中东、西方世界那样把老百姓思想高度凝结起来的宗教活动，没有统一的信仰把人们团结起来，造成中国人缺少团体精神，多了自由散漫、不负责任，缺乏公德意识。同时农业生产需要大自然的"风调雨顺"，而自然条件具有不确定性，因此农业生产虽有其内在规律，但主要还是靠天吃饭。概而言之，农业生产具有不确定性、散漫性，且易滋生"差不多""马马虎虎"的习惯。

1919年，《新生活》杂志第8期刊登了一篇胡适先生的文章《差不多先生传》，批评在中国普遍存在差不多思想，即凡事只要差不多就行了，何必太精明呢？同时期，鲁迅也一针见血地指出：中国四万万民众害着一种病，病源就是那个马马虎虎，就是那随它怎么都行的不认真态度。

在中国有相当数量的企业存在"差不多"和"马马虎虎"现象，对存在的质量问题往往采取就事论事的方式，不追根溯源，不去追寻问题背后的根本，缺少持之以恒解决问题的态度。企业不善于用数据说话，差不多就行了，缺少对"零缺陷思想"的追求，不注重一开始就把事情做好的态度，不注重细节，更谈不上精益求精，追求完善。这种"差不多"和"马马虎虎"现象，不仅存在于一般员工之中，也存在于企业经营者、管理人员、科技人员当中，这是客观存在的群体文化现象。

企业"差不多""马马虎虎"还表现在企业普遍存在的"深植力"差上，许多企业的全面质量管理、精益生产、六西格玛管理深植不下去。ISO 9000质量管理及其他先进的管理，越到基层、越到边缘，越见不到管理的痕迹。我们做很多事情，往往一开始轰轰烈烈，时间一长就松懈了，慢慢又恢复原样。许多企业普遍存在组织行为和个人行为体系的空洞化，写的和说的不一样，说的和做的不一样。"差不多""马马虎虎"极易形成形式主义，使人们产生虚假作风，形成空谈习俗，产生议论多、行动少，计划多、落实少，会议多、执行少等不良现象，削弱了企业实践意识、创新意识、执行力意识、追求卓越意识。

（3）"随便"。中国还有一个常用词叫"随便"。"随便"这个中庸的词不带有感情色彩，不会轻易得罪人，恰恰迎合了中国人的价值观。在中国的文化里，话不可以说满，否则要承担责任，为了避免可能产生的麻烦，"随便"就成了最好的托词。"随便"的价值观，反映出在做事上存在侥幸心理，责任意识不强，"随便"使中国人缺少敢于担当的创新意识和冒险精神。"随便""随意"意味着不受限制、不受拘束，和严谨有着完全相反的内涵，也是存在于人们内心的一种潜意识的心智，它们直接或间接影响企业群体和个体的行为方式，影响企业全方位过程管理的效果，随便的作风恰恰可以随意或不经意改变规则。

（4）"取巧"。我们相当数量的企业和个人身上都存在一种"取巧"行为和习惯，这种取巧文化往往和投机联系在一起。在改革开放初期，个别中国人在国外看到商品可以无条件退货，就采用投机取巧的方法，用了再退回去，并且还沾沾自喜。对于这种投机取巧的行为，有人还自认为这是头脑灵活，有小聪明，处事随机应变，甚至还敢于在制度和法律面前取巧变通，钻制度政策的空子，失去了道德底线，缺少契约精神和对法律的敬畏。

（5）中庸之道对创新的影响。中华传统文化中，影响最大的是儒家思想和道家思想，庄子的守中，儒家的中庸，在其理论和运作方法上都不主张走极端。中庸之道的释义指不偏不倚、折中调和的处事态度，不过激、留余地、善自足的方法。遵从这一原则，在企业内部就能营造出团结和谐的文化环境。

但我们必须辩证地看待中国传统文化对中国企业文化的影响，中庸之道的思想有其积极的一面，也有消极的一面。中庸之道渗透到现代企业文化意识中，压抑创新，不鼓励竞争和冒险精神，致使很多企业因循守旧，不思改革和创新，缺少进取精神，竞争意识不强，出现许多有悖于现代制造业创新的负向文化。

中国两千多年的农业社会历史和近代各种错综复杂的社会环境，形成了不利于制造业的负向文化，像"差不多"和"马马虎虎"现象、"随便"和"取巧"的陋习、亲情重于制度的"关系"及儒家思想中的中庸之道对现代制造业创新文化起到了阻碍和压抑作用。

工业产品是借助于人的活动的物质性手段来实现的，是在符合其物质特定条件下形成的，其生产过程必须要求条件的确定性，因此工业制造要求严谨守序，而以上提到的"差不多"和"马马虎虎"现象、"随便"、"取巧"陋习与工业文化格格不入。

两千多年来，中国一直处于农业文明时代，中国社会没有真正经历过较长的工业文明阶段。中国工业文明只有短短70余年的历史，在这期间，农业文明与工业文明相互碰撞和相互交融。在市场经济环境下形成的制造业文化只有30余年的历史，大多数企业的经营文化受到传统文化中不良习俗束缚，扭曲了工业文明中先进制造业的文化生态，使中国制造业创新动力不足，管理落后，质量、效益低下，企业凝聚力弱化。制造业文化"先天不足"，成为中国从制造大国向制造强国转型的主要障碍。

先进制造业文化
中国制造业转型升级的必由之路

4 文化生产力

　　文化作为意识形态，通过影响人们的观念而影响人们经济行为，以及通过影响行为标准来影响经济质量和效率。这种影响具有内在性、隐蔽性和持久性的特点。文化生产力决定了经济发展的水平。文化生产力就是人的创造力，是在人的精神层面通过精神生产而产生社会效益与经济效益的能力。

4.1 文化与经济

思想是客观存在反映在人的意识中经过思维活动而产生的结果，思想的对象是客观事实。文化是某区域社会中大部分人共同凝结的一种思想。不同思想可以形成不同的文化形态，而文化的积淀可以产生出新的思想进而促进文化的发展。具体而言，文化是特定的人群或组织在一定的环境中，从生存与发展的需要出发，通过继承和创新而发展起来的一套模式，这套模式中的社会成员群集互应，有着共同的心理习惯、思维模式、人生态度、工作方式等，它以价值观为核心，通过学习、认知等社会行为，使人们彼此沟通和融合，并承继和延续下去。

4.1.1 文化进化与文化模式

文化是人类社会在生产活动过程中对自然、社会认识的历史积淀，是人类文明的结晶，属于上层建筑中的意识形态，包括思想道德和科学文化两部分，渗透于社会生活各个方面，影响着人的精神和灵魂。

（1）文化进化。文化并不是一成不变的，而是在不断变动之中。文化的变动构成了文化发展的动态过程，因为文化是开放的体系，它与外界进行广泛的信息、资源、人员等因素交流。文化开放体系促进了文化的进化，文化进化又可称为文化变迁，文化变迁从总体上说明文化本身具有承继和进化现象。

所谓文化进化,是指文化在时空上的拓展过程,这种拓展过程包括不同文化现象转移的混合、融合、交融。这种拓展过程既是文化内涵的不断展开,也是某种文化成长进而形成新的思想的过程。新的思想的形成就会带来文化结构的改变。文化的进化有可能是正向的也有可能是负向的,正向代表着文化的进步,负向代表着文化退化或倒退。文化进化的方式可以是突变,是文化发展的质的飞跃,但在大部分情况下是一种渐变,是一个缓慢的变化过程。

(2)文化模式。每一个民族都有自身独特的文化,它在思想和行为上都具有一致性,因此,文化模式体现了文化的特殊性。文化模式有自身特有的历史个性及价值取向,这种历史个性与价值取向基于结构构成及功能表征,是一种文化不同于其他文化的根源。不同国家、民族和地区具有不同的文化模式,不同的历史发展阶段也存在不同的文化模式。

文化模式的稳定是相对的,一个国家为实现历史性的战略目标,通过国家创新活动和实践方式,来塑造文化模式的成长环境,推动文化模式的转变,促进文化模式朝着有利于实现国家战略目标的方向发展,具有十分重大的意义。

4.1.2 文化与经济关系

在经济发展史上,各种理论都确认文化与经济的关系,普遍的观点是:文化是只"看不见的手",不仅决定人们的行为,而且决定市场经济的效率。德国经济学家弗里德里希·李斯特把生产力划分为"物质资本"生产力和"精神资本"生产力。物质生产力和精神生产力是同属于生产力的互相依存、互相促进的两个方面。马克思主义认为,生产力和生产关系、经济基础与上层建筑的矛盾是社会的基本矛盾。经济基础决定上层建筑,而上层建筑对经济基础也起着反作用。毛泽东在《矛盾论》中写道:"诚然,生产力、实践、经济基础,一般地表现为主要的决定的作用,谁不承认这一点,谁就不是唯物论者。然而,生产关系、理论、上层建筑这些方面,在一定条件下,又转过来表现为主要的决定性的作用,这也是必须承认的。"[1] 这就告诉我们,不能单纯地以经济观点来发展经济,经济活动要寻求经济之外的支撑点,实质上就是要充分发挥上层建筑对经济基础的积极反作用。这种反作用"在一定条件下,又转过来表现为主要的决定性的作用。"

文化可以看成一个社会运转的软件,如果文化这种行为方式与经济发展所需要的行为模式不符,就会成为经济发展的障碍,如果这种行为方式与经济发展所需求的行为模式相符,将大大促进经济的发展。因此,如果先进工业文化、先进制造业文化能够成为一个国家、地区、企业的共同认识,并成为共同的行动模式,即使经济落后,也可以在一定时期内,通过努力赶上领先的国家。

中国改革开放后,提出"发展是硬道理",选择优先发展经济的战略方针,这种战略方针在很大程度上影响了中国文化模式的变化,这种文化模式的转变,形成了有中国特色的历史个性和价值取向,促进了中国经济的大发展。当前先进制造业文化的进化若能尽快适应国家战略,形成新的文化模式,将对中国实现"两个一百年"的伟大目标具有十分重要的意义。

文化的经济性让我们看到,作为意识形态的文化对经济具有重要的影响。文化作为意识形态,是通过影响人们的观念而影响人们经济行为以及通过影响行为标准来影响经济效率的。这种影响具有内在性、隐蔽性和持久性的特点。文化资本是一种资源,可以转化为经济资本。文化作为一种资本,可以积累和投资,因而,可以通过向意识形态教育投资来改变人的意识形态资本的积累,从而对经济的发展产生巨大的影响。

---

[1] 毛泽东. 矛盾论(第1版)[M]. 北京:人民出版社,1952:31.

中国经济在从高速发展阶段转向中高速发展阶段，从速度型转向质量效益型的过程中，文化层面跃迁对经济转型的影响日益加大，已成为当前中国社会发展迫切需要解决的重大现实问题之一。目前我们对文化的理解存在偏颇，把文化改革的重点理解为文化产业，而轻视了文化对物质生产的影响。党的十六届四中全会通过的《中共中央关于加强党的执政能力建设的决定》中，首先提出"文化生产力"的概念，指出"深化文化体制改革，解放和发展文化生产力"。中国共产党第十七届中央委员会第六次全体会议通过《中共中央关于深化文化体制改革 推动社会主义文化大发展大繁荣若干重大问题的决定》，从总体上理解，其重点关注的是文化属性的文化生产力，而不包含经济层面的文化生产力。把"文化生产力"进一步延伸至经济层面，以文化改革引领经济发展，用文化来提升企业、区域和国家的竞争力，是21世纪企业、区域、国家提升经济竞争力的具有决定性意义的事项。

4.1.3 文化的物质生产与文化生产

文化生产力的形成是与社会化大生产和市场经济直接相联系的，没有社会化大生产和市场经济，就不可能有文化生产力的形成。文化生产力是社会分工不断细化和商品生产逐步发展的必然结果。"文化生产力"的内涵揭示文化活动是一种生产，而且是大规模的社会化生产。[①]

文化生产力具体的内涵包括两个方面：第一，文化作为渗透性因素对物质生产所产生的变革作用，即物质生产力的精神文化因素的增加、文化附加值的增加。在工业化社会，精神文化因素对物质生产力的作用十分突出，物质生产和物质产品出现明显的"泛文化特征"。我们将其称为物质层面的文化生产力。第二，以文化本身为生产对象而进行生产

---

① 李春华. 文化生产力与人类文明的跃迁[M]. 北京:中国社会科学出版社,2016:61.

活动的能力，即以精神文化活动本身产业化、市场化的方式生产文化产品和提供文化服务的功能。我们将其称为精神层面的文化生产力。我们在这里所研究的"文化生产力"，是指服务与物质生产需求在文化层面的能力和水平，即物质层面的文化生产力。

"文化生产力"不是"文化"与"生产力"两个概念简单机械相加而形成的，在本质上，它是文化与生产力发展到一定阶段的产物，具有内在的生成关系。文化生产力作为经济与文化高度融合的产物，具有物质属性（客观现实性）与精神属性（意识形态性）的双重特征。物质属性是文化生产力与物质生产力相同的共性、普遍性或一般性，即客观现实性；精神属性则是指文化生产力自身与物质生产力相区别的特殊性，文化生产力能够成为自身的特殊性，即精神文化属性。[①]

"文化生产力"与"物质生产力"的区分是相对的，文化生产力的构成主要不在于外在实体硬件，更在于内在要素的软件。在文化生产力中，知识、科技、教育、精神等不再作为生产力的外在要素，而是生产力的内在要素，主要表现在三个层面：第一，人的生产过程要素，充分发挥人的主观能动性，即发挥人的知识层面、能力层面和精神层面的作用，提高科技质量、生产过程质量、效率和降低成本；第二，产品的需求要素，即客户不仅有单纯的物质需求，还有存在于物质产品中的文化需求，如品牌、奢侈品等；第三，物质产品扩展至文化层面的影响力，即一个国家硬实力扩展至这个国家的软实力。

一个国家"文化软实力"的形成，在很大程度上依赖于经济生产能力的提高。国际上规定，一个产品必须标注产品的原产地，当消费者在接受产品的同时，也是对原产地的认可，当某个国家生产的产品被普遍接受和认可时，消费者对原产地国家的认可度也开始上升，从对产品品牌认可逐步转移到对这个国家的认可，形成"国家品牌"，附加在产

---

① 李春华. 文化生产力与人类文明的跃迁[M]. 北京：中国社会科学出版社，2016：28.

品上的文化影响就会转化成该国家文化的影响。弱国无外交，同样也反映在弱国的弱势文化和强国的强势文化上。

中国是举世闻名的"文化古国"，但直到中国的经济建设取得举世瞩目的成就，成为世界第二大经济体，对外贸易突飞猛进后，中国的国际地位才开始加速提高，使得世界各国对汉语和中华文化的学习形成时尚和潮流，带动了中国文化"走出去"。

4.1.4 经济发展植根于文化土壤

为什么世界上会同时存在发达国家、发展中国家、不发达国家？德国作家马克斯·韦伯在其著作《新教理论与资本主义精神》（1905）中指出了新教的文化正好与资本主义发展所需一致，所以新教徒在资本主义发展初期起到了骨干作用。而劳伦斯·哈里森在其著作《不发达是一种心态——拉丁美洲事例》（1985）中，对不利于经济发展的拉美文化做了详尽的分析。

20世纪50年代，日本和拉美国家几乎同时开始发展20世纪最重要的工业产业——汽车产业。在美国，汽车工业最大的障碍是工会，无休止的薪酬谈判、罢工威胁和罢工运动让汽车巨头头痛不已，而在拉美地区，工人运动更加势不可当。工人组织起来提出不切实际的福利要求，无休止地罢工，而且暴力冲突不断。尽管拉美国家政府的初始政策与日本类似，而且拉美国家远离战场，国家资源丰富，国民富裕水平较高，有市场需求，所有发展的表面条件都具备，但由于拉美国家的文化与现代经济发展所需具备的条件格格不入，影响了拉美经济的发展。日本企业强调员工合作，德国企业强调员工参与，都较好地解决了生产力和生产关系的矛盾，两种文化出现两种结果。

马克斯·韦伯完善了文化决定论，一国人民接受什么样的价值观，属于文化领域的事情，而经济发展是一个文化发展的过程，积极的态度会引导人们追求现代社会经济的进步，传统落后的价值观会阻止人们对未知的探索,阻碍和影响经济的发展。

文化生产力决定了经济发展的水平。文化生产力就是人的创造力,是人在精神层面通过精神生产而产生社会与经济效益的能力。[①] 文化生产力不仅涵盖科技生产力,还涵盖管理生产力,是一切生产力的源泉。其涵盖对象不仅包括科技界、企业界、政治界的精英,还包括社会上的所有群体和个人。

中国长期以来处于农业社会,农业社会的特点是靠天吃饭,一季绝收以后农民付出惨重代价,所以中国历代都重视水利建设,但劳动生产率低下、宿命论、保守文化是农业社会的主导文化。三十亩地一头牛,老婆孩子热炕头,是中国农民向往和追求的目标。

儒家思想是起源和根植于农业社会的文化,有其先进的一面,即崇尚勤奋工作,注重教育、节俭,宣扬仁、义、礼、智、信,强调社会的等级制度和基本信条,以保持社会的稳定。儒家思想中的成功包含一套使人际关系达到和谐的标准,鼓励通过考试制度以及官场升迁来衡量一个人的成功。儒家思想的另一面则表现为保守、固化,不鼓励创新而鼓励因循守旧、因循古人,不鼓励越位,尤其是儒家思想按照士农工商的顺序进行社会分层,贬抑商人的地位和作用,求和而不鼓励商业竞争,不利于社会经济的发展。儒家学说缺乏一种批判成分,难以使人民振作起来,缺少了发展生产力所必备的创新精神。

新中国成立以来大力发展农业和工业,但在计划经济条件下一切按部就班,以计划为中心的经济方式抑制了经济的全面发展。党的十四届三中全会以来,全面推进两个具有全局意义的根本性转变,即从传统的计划经济体制向社会主义市场经济体制转变,经济增长方式从粗放型向集约型转变。经济运行机制的重塑,实现了在社会主义制度原则下用市场机制替代计划机制,真正确立了市场对资源配置的基础和主导地位,

---

① 厉无畏,于雪梅. 解放文化生产力促进文化大繁荣[EB/OL]. 嵊州新闻网,2009 – 4 – 13.

企业成为市场主体。但外部环境的变化并不等于先进制造业文化在企业经营思想、管理理念与企业文化方面得到质的改变。当前我国企业的增长方式总体上仍属于粗放型增长，效率低、质量差、资源浪费严重、对生态环境破坏严重，企业技术进步和管理情况没有得到真正改变，总体处于较落后状态。企业虽然成为市场主体，但尚未成为真正的创新主体。

企业存在于社会之中，社会文化作为企业文化的环境而存在。按照系统科学理论，企业存在于一个社会大系统中，不断地与外界进行物质和信息的交换，在良性情况下，可以引导其进入更高的层次，产生更具活力的种群系统。企业在社会发展过程中，只是作为一个系统存在。文化作为社会系统的一部分，可以成为社会进步的动力，也可以成为社会进步的阻力。因此，文化的进步将推动社会的进步，以创新为核心的文化生产力是对社会进步具有积极意义的能动力，建立创新意识和创新体系，把创新作为文化生产力的基因角色，表现出来的是一种文化的力量。这种文化整合的社会文化因素，对企业文化构建具有积极的意义。因此，如果社会缺乏先进的经济文化土壤，在社会系统内的企业受到外部环境影响，企业创新文化氛围就会弱化，导致企业发展走上退化之路。缺少创新的文化，带来的是墨守成规，反应迟钝，自我满足，不思进取。一个企业的退化首先是思想意识退化，先进可以变成落后，一个企业的进化首先也是思想的进化，后进可以超越先进。

4.1.5 制造业发展的内动力

一个国家的经济竞争优势主要表现在该国制造业的竞争优势上。工业演变的进化，经历了漫长的渐变过程，现代工业的演变起源于劳动分工组织，由于专业分工，劳动者的技能因专业而日进，有了专业分工，可以避免工种转换造成的时间损失，专业化分工使技能、知识、专业工具和组织协调不断完善，从而推动了企业进化。从专业分工到规模经济、范围经济的发展,从企业家才能的发挥到企业管理能力、创新能力的培养,从企业内部知识的累积到差异化分工,都说明制造业企业成长理论是随着人们追求发展、反复实践、逐步提高的步伐而发展的,其背后是制造业文化的进步。

企业的发展问题是一个极其复杂的问题,之所以复杂,原因在于影响企业发展的因素众多,有市场方面的,有企业自身的,也有社会及政府方面的。但从外因和内因及主要矛盾和次要矛盾分析,企业自身的因素是最主要的因素。从企业自身的角度来看,生产要素无疑是推动企业发展的最主要的力量,也是经济学家们关注最多的问题。200多年来,要素论在不断发展,最早的学说提出,土地和劳动力是企业发展的两大要素。法国经济学家让·巴蒂斯特·萨伊所著的《政治经济学概论》(1803)中提出生产三要素——土地、资本和劳动推动企业的发展。美国经济学家 N. 格里高利·曼昆所著的《经济学原理》(1890)中把企业家当作第四要素,强调企业家特殊才能的作用,形成了企业发展四要素。第二次世界大战以后,新技术不断涌现,技术进步对企业发展的作用越来越突出,因此出现了科学技术是企业发展的关键要素的观点。20世纪60年代,经济学家又提出人力资本理论,认为人力资本是企业发展最重要的生产要素。20世纪80年代初,新制度经济学成为热点,认为制度是内生的变量,制度成了推动企业发展的又一重要因素,"制度重于技术"。之后又兴起了对文化的深入研究,认为在制度背后更重要的是文化,文化是企业核心价值观和企业精神的具体体现。文化是企业各要素的黏合剂,是推动企业持久发展的力量。

强调文化的重要并不是否认其他生产要素的重要作用,而是说文化是与其他生产要素共同作用,从而推动企业发展的。其他因素只能作为要素,而文化是推动和提升这些要素的动力,企业文化的要素能力在企业发展中起着关键性的推动作用,它是通过人的思维起作用的。

毛泽东在矛盾论中指出:"一个大的事物,在其发展过程中,包含着许多的矛盾。"①"其中必定有一种是主要的,起着领导的、决定的作用,其他则处于次要和服从的地位。"②"然而这种情形不是固定的,矛盾的主要和非主要的方面互相转化着。"③ 中等收入国家是从低收入国家成长起来的。在低收入国家发展的初期,由于制度的开放,外资和技术开始进入,源源不断的农村人口转化为工业人口,人口红利得以显现,使各种企业都得到了迅速发展,这又进一步放大了人口红利。国民企业在学习国外技术的同时,通过引进消化吸收再创新,使产业结构不断改善,国民收入大幅度提升,低收入国家快速进入中等收入国家行列,这仅仅是经济表现出来的外在的动力优势。经济表现出来的外在动力,能较好地解决经济发展前半程的主要矛盾。

当经济进入后半程,人口数量红利已经消失,投资拉动的边际效应日益明显,消费受到收入增长的制约,技术的简单转移也走到了尽头,这时工业的进一步增长就需要通过提高效率和效益来支付更高的工资成本,通过高质量发展进入高收入国家。但实际情况是,不利于制造业发展的各种落后的文化现象和陋习阻碍了经济高质量发展,在经济发展前半程它们是隐形的、次要的矛盾,但经济进入高质量发展阶段就成为发展的主要矛盾,而经济发展前半程的其他发展要素就转化为次要矛盾,认识不同发展阶段主要矛盾和次要矛盾相互转化,用新发展理念指导经济增长方式,才能获得高质量可持续发展。

把先进制造业文化作为新发展阶段的着力点,并不是否认资源、人才、资本、技术等生产要素的重要性,而是通过先进制造业文化,使我国制造业企业对制造业价值观有更深刻的理解和更准确的把握,从而在产业转型中把低质量、低效率、低效益转为高质量、高效率、高效益,把粗放型转化为集约型。在产业升级中形成产业链的高附加值阶段实现替代,掌握核心技术进行迭代创新,更好地实现赶超和超越。这也是毛

---

①②③ 毛泽东. 矛盾论(第1版)[M]. 北京:人民出版社,1952:15,27,28.

泽东指出的:"在复杂的事物的发展过程中,有许多矛盾存在,其中必有一种是主要的矛盾,由于它的存在和发展,规定或影响着其他矛盾的存在和发展。"①

  一个国家制造业层面的内生动力,决定了这个国家经济发展后半程的水平,而决定内生动力的文化变革往往需要更漫长的时间才能调整适应,所以先进制造业文化不能及时得到调整实现跃迁,不能获得文化内在的动力优势,在经济发展的后半程就必然会表现出经济追赶乏力的现象,这就是许多国家陷入"中等收入陷阱"的主要原因。

---

① 毛泽东. 矛盾论(第1版)[M]. 北京:人民出版社,1952:25.

4.2 文化区域性决定生产力区域性

在现代区域经济中,经济活动主体往往会在社会文化背景和价值观上达成共识,这种共识会促进产业集聚,形成产业集群。

4.2.1 集群和集聚效应

产业集群实际上是把产业发展和区域经济通过分工专业化和交易的便利性有效结合起来,形成一种有效的生产组织方式。集群可以分享分工细化带来的高效率,因空间的邻近性,还可以大大降低交通运输成本,降低上下游企业的库存和资金成本,形成建立在社会信任基础上的合作分工。

产业集聚实际上是在同一个区域内不同的企业做同一类产品,由于这些企业几乎是门对门,企业之间存在多种形式的信息传播渠道,企业观念相互影响。先进企业的制造业文化理念和技术、管理等知识外溢效应,带动了整个集聚企业的创新精神,进入自我强化的良性循环过程,这些企业竞争激烈,而竞争往往会使这些企业占据这个行业的产业高地。

产业集群和产业集聚的形成往往有多种原因:第一,依托历史较为悠久的传统产业或本地资源优势在较长的发展过程中形成;第二,以高科技、产业链长的规模型龙头企业带动产业链上下游企业在区域内形成集群；第三，以市场带动发展而形成的产业集聚，形成市场信息、分销渠道和特色产品制造等与综合要素相配套的国内或全球商品集散地；第四，由同一个国家或地区的企业集中在某个区域形成的产业集群；第五，以智力、信息为依托的科技驱动型企业形成的产业集聚，这种集聚往往具有产学研联盟的特征；第六，由绿色生态要求形成制造业集群区，如化工园区。

集群和集聚效应能带来更多的市场机遇，获得客户的关注。客户的进入对企业创造品牌起到了客观的推动作用。产业集群和集聚效应有经济因素也有文化因素，是经济与文化的共生因素，既受到市场的无形之手的作用，也受到政府的有形之手的作用。集群和集聚既是产业的距离效应，也是文化的区域效应。

从创新视角分析，集群和集聚具有区域创新系统特征，是因为产业创新外部效应的不断积聚，进而在不同企业之间相互塑造、整合而构建起来的区域创新系统，是沿着产业进行功能或文化整合而形成区域创新系统。

在企业集群中，邻近企业之间的信息、技术、知识等的交流和传播在刺激企业产生创新动力和提升企业创新能力的同时，还进一步整合为更强大的区域创新能力。企业按技术创新功能进行分工，形成企业技术创新链，上游企业为下游企业的技术创新提供便利，下游企业延续上游企业的技术创新优势，降低创新成本。技术创新企业构成一个整体，协同开发创新产品和市场，减少交易成本，在提高自身竞争力的同时，构建起整体区域的创新竞争力。

产业集群和集聚效应对产业转移具有天然的抵御性，对地域经济稳定、持续发展具有重要意义。

4.2.2 区域文化与区域经济

区域经济发展与区域文化的关系非常密切，区域文化对区域经济的发展越来越重要，已经成为推动区域经济发展的根本动力。区域文化影响着人们所作所为、所思所想。所以区域经济的发展不能忽视区域文化的作用，文化和经济必须有机结合，融为一体，最终实现文化和经济的协调可持续发展。

区域文化是指某个特定区域的人群所拥有的具有当地地方特色的价值准则、思想观念、行为习惯、道德规范等的总和。在区域经济中，最容易被人忽视的就是区域文化观念，它是区域群体心理结构的重要组成部分，对区域经济发展起着至关重要的作用。

在我国改革开放经济发展过程中，企业家群体的产生，是形成区域经济发展十分重要又十分典型的普遍现象，特别是在以长三角和珠三角为代表的地区最为集中。为什么有的地区能"成群"涌现出企业家，而另一些地方却很少出现企业家或企业家群体？这是影响区域经济发展的根本性问题。影响企业家群体生成的因素有很多，而其中区域经济文化是企业家群体生成的一个核心因素。

新中国成立前，我国形成了以农业经济为根本的农业文化，但是区域的历史文化体系仍有不同，形成了各区域不同的区域文化。正所谓"一方水土养一方人"，这种区域文化精神在有意识或无意识地影响着该地区的价值观，形成了创业创新区域企业家经济的萌芽。区域企业家经济文化特征表现为：在区域中形成了鼓励创业、尊重企业家生成与发展的社会舆论环境和政策环境，区域企业家经济文化催生了企业家，企业家群体的生成又推动了企业家经济文化，形成共生关系。

早期少数成功企业家的示范效应，吸引"潜在企业家"和更多创业者加入产业配套，实现区域经济规模扩张。创业创新文化的影响逐步扩展，而传统农本文化在区域内的影响逐步减小，创新活动在该区域得到更多的鼓励和支持,企业家队伍快速衍生裂变,规模进一步扩大,而企业家文化也成为一种强势文化,对更多的"潜在企业家"的创业活动产生积极影响,形成循环流转的企业家文化,创业、创新成为该区域内的文化主旋律。

浙江省的区域文化就有明显的创业文化。浙江人想创业、敢创业,不仅在本地创业,还敢走向全国、走向全世界。他们白手起家,从小制造、小生意开始做起。20世纪90年代,在全国各个省份都可以看到浙江人的身影。"白天当老板,晚上睡地板",他们不怕失败,敢于冒险。浙江人有这样一句话:我本来就什么都没有,失败了最多和原来一样。

经济学家吴敬琏称道,浙江是一个具有炽烈企业家精神的地方,浙商的创业欲望和创业能力,就是一种资源和竞争力,他们每到一处,带去的是实干、聪明的企业家精神,留下的是为当地创造出来的就业和税收,更重要的是,他们的观念和思想是一颗启蒙的种子,这是浙商对全国人民的贡献。

在改革开放初期,浙江省和江苏省的地方政府敢想敢干,他们对国家的经济政策往往采取"打擦边球"和打破"条条框框"的办法,并争取中央的认可。如果不被认可,可以再改过来嘛!这种创新精神促使浙江和江苏的经济领先全国。

深圳是创新型移民型城市,是国家求变而生的城市。想要求"变"的民众纷纷涌入了这座求"变"的城市。想变、想创业、崇尚创新就是这座城市骨子里的文化。这座移民城市,创新包容氛围浓厚、民主平等思想活跃、艰苦创业精神凸显。深圳提出"文化立市"战略,大力提倡和建设创新型、智慧型、力量型城市主流文化,通过"走出去""请进来",通过先进文化的交流、碰撞、融合形成先进的文化生产力,引领深圳持续发展。

在这不到2000平方公里的土地上,有400万人才资源。2018年,深圳共有国家级高新技术企业1.44万家、9万"海归",仅2017年就引进留学生人才1.8万名，世界500强有30多家企业科研中心已设在深圳，有上千家科技创业院已实现项目辅导、创业孵化、资本市场对接的全生态链支持。时至今日，深圳已成长为全球最具影响力的创新之都，是创客最喜欢集聚的城市，是充满着创新活力的地方。2018年，深圳GDP已超过香港，是我国唯一一个工业增加值突破9000亿元的城市。2018年，深圳市的国家专利申请量达18000件，约占全国申请总量的34.8%，经济增长，能源消耗下降，深圳就是靠自身求变走出了一条创新之路。

深圳市科技创新委员会的某位主任曾经说：深圳找到了一个切入点来推动大众创新，让更多人在这里搞创新而发展未来产业，从实施效果来讲，大大超出了我们的预想，我们把民众的力量激发出来，让我们的市民都参与进来，形成它（深圳）所产生的文化力量。求"变"催生了深圳的创新，而深圳的发展速度又深植于其创新文化，这种文化在深刻地影响着这座城市。

创新，是时代精神的集中体现，也是深圳这座城市的第一标志。深圳的文化创新不仅包含观念创新，即利用移民城市的优势，激发思想的力量，产生了一系列引领时代发展的深圳观念，还包含制度创新，即充分发挥市场的作用，不断创新体制机制，激发全社会的创造活力，从根本上提升城市文化生产力的竞争能力。

德鲁克说过，今天真正优势的资源不是资本、土地和劳动力，而是文化。随着我国的经济发展，文化变得越来越重要。在我国区域经济发展过程中，某些区域并不缺乏自然资源和经济基础，也不缺乏国家的战略支持，但是却缺少企业家精神成长的社会环境和社会创业创新精神的土壤。

4.3 企业文化生产力

4.3.1 企业文化的核心竞争能力

文化力是文化作用于人而产生的力,是文化对人力开发的结果,这种结果是一个复合体,是人的本质力、创造力的综合。企业文化力的要素包括科学要素、技术要素、知识要素、价值要素、信仰要素、情感要素。企业文化力通过构建企业整体组织,使组织相互作用产生相关效应,相互协调,从而成为一个整体。这些特征体现了企业在环境不断发生变化的背景下,以更加切合现实的方式求得生存与发展。一旦出现有利于企业发展的目标或企业确立了发展目标,企业文化就会使企业内部各个要素重新组合起来,员工会自觉地采取行动,迅速而有效地追求目标,直到目标实现。

著名经济学家于光远说:"国家富强靠经济,经济繁荣靠企业,企业兴旺靠管理,管理关键在文化。"一种正面的、积极的凝聚文化可以引导企业快速发展,一种负面的、消极的离散文化则会把企业推向消亡的深渊,正所谓成也文化,败也文化。

优秀的企业文化为员工提供健康向上的文化土壤,能营造出和谐的人际关系,加强员工之间的沟通、理解,形成包容的团队意识;优秀的企业文化能激励员工奋发向上、开拓进取、建功立业的信心；优秀的企业文化可以使员工学习到技术技能，做到精益求精，培养工匠精神，使他们在企业里实现个人价值，使企业形成一种风气正、人心齐、奋发向上、生动活泼的局面。一个优秀企业，其文化还能渗入和影响员工的家庭文化，能向社会传播正能量。一个优秀的企业文化往往具有"产业报国"的理念，能增强国家凝聚力。

菲利普·萨尔尼科在1957年提出企业竞争力的概念，此后企业核心竞争力就成为各国学术界普遍重视和研究的对象，并形成知识体系说、能力体系说、资源体系说、核心人才说、制度体系说、管理体系说等学说。这些学说都在一定范围内涵盖了核心竞争力的特征，但不能代替核心竞争力的全部。它们都是单独的竞争力要素，而只有文化既是各种竞争力的根源，又具有整合各种竞争要素的能力。

从经济学的角度来看，稀缺资源永远是有价值的，拥有稀缺资源的企业就可以获得竞争优势。竞争力的战略价值还可通过资源被复制的可能性来评估，越是不能被模仿或替代的资源，它的战略潜力和战略价值就越高，资本、技术、人才、制度都是可以被引进或复制的，但无形资产的关键资源既不能交易也不能轻易转移，企业文化作为资源具有不可复制性，并存在于特定环境下，这个环境是因企业的全部个体存在而存在的。

到目前为止，对企业核心竞争力还没有统一的定义，但现在比较普遍的看法是：核心竞争力是企业内生的、能给企业带来持续发展的、难以模仿的、能综合整合多种资源的能力。

"企业内生的"，说明核心竞争力来源于企业内部，不能从外部获得，是在企业长期发展过程中形成的，具有独有的特征。

"能给企业带来持续发展的"，是指核心竞争力能保持企业的长期发展，能长期为客户创造价值，而不是着眼于企业短期发展。

"难以模仿的"，是指核心竞争力很难被替代，具有独一无二的、不易复制的特征。

"能综合整合多种资源的",是指核心竞争力具有多种能力,包括企业内部和外部资源、整合有形资产和无形资产的系统性体系特征。

核心竞争力的上述综合特征的直接指向,是人类特有的对所有因素起着普遍性和决定性作用的文化。企业核心竞争力是一种能力,这种能力本身是无形的,看不见、摸不着,但其表现形式或载体是有形的。核心竞争力是企业持续优势的源泉。

4.3.2 企业价值观的引领作用

价值观是企业文化的核心。价值观是指企业内部员工对某个事件或其中行为的好与坏、善与恶、正确与错误,能否得到趋同一致的认识。

海尔集团董事长张瑞敏说:"企业文化的核心是价值观,好的价值观,好的规章制度和行为规范,都会保证物质文化的不断增长。"

企业竞争从市场上看是产品与服务的竞争,其实是一个企业群体与另一个企业群体的竞争,其本质是群体的素质竞争。没有一个企业没有文化,要么是积极向上的文化,要么是消极的文化,要么是漠视文化的文化。同行同类的企业,具有相同的社会大环境,但企业实际经营情况相差很大。在一定程度上可以这样说:成功企业之所以成功,就是因为这些企业具有正确的价值观,有强烈的信念和进取精神。以公司文化为动力的企业科技创新和管理创新,切切实实地通过各种制度设计纳入企业实际经营活动之中,而不是将口号和承诺停留在口头上,正是源于对文化信念的坚定信仰和彻底履行,这些企业才能成为优秀企业。

对企业来讲,企业文化决定了一个企业的奋斗目标、奋斗精神、奋斗作风、奋斗结果。如果说人跟人最大的差异是思想,则企业跟企业最大的差异就是价值观,即企业文化。所以很多企业提出"造物先造人,造人先造观念",企业文化建设的实质就是先造观念。企业文化就是对人的经营,是对人心的经营,是对人的价值观的经营。这是一个循序渐进、潜移默化的过程。

企业文化具有导向、凝聚、激励、约束和整合资源的功能。首先，核心价值观的稳定性决定了企业文化具有引导企业发展方向的作用。企业有了明确的发展方向，也就有了长远奋斗的目标和动力。其次，企业文化在企业与员工之间建立了心理契约，不同岗位的员工依照心理契约，默契合作，形成协同效应，减少了内部阻力，降低了交易成本，增强了企业的整体实力和竞争力。最后，资源整合要靠人来完成，资源是否整合得好及整合能否优化，关键要看人。因此人的价值观和思想是整合中最关键和最重要的。核心价值观通过企业文化形式把员工个体价值观整合为企业的整体价值观，把员工个人的目标整合为企业整体的目标，把员工个人的发展与企业的整体发展结合起来，把个人的奋斗整合为整体的战斗。

21世纪是团队制胜的年代，一个团队要想在竞争中取胜必须有自身的信仰和价值观。大企业的员工人数可以达到几千人甚至几十万人，要能让这么多员工具有共同目标、理想追求和行为准则，唯一的途径就是建立企业文化。不仅大企业需要企业文化，小企业和初创企业也需要企业文化，健康向上的企业文化能让企业创始人和团队站得更高、看得更远。实践证明，企业小的时候，即使没有明确的企业文化，大家也能同甘共苦，但企业一旦做大了，想法就多了，矛盾开始显现，没有企业文化甚至会危及企业的生存和发展。

企业文化是人力资本优势的重要支撑。通过文化将人力资源的人口优势转化为人力资本优势，培养数以亿计有素养的专业人才是我国巨大人力资源的优势，是关系到中国实现"两个一百年"奋斗目标的大事。

4.3.3　企业文化对经营决策的作用

企业基本经营思想决定了企业的发展战略和竞争战略，即能使企业做最适合自身的经营决策，做正确的事。经营性企业文化，就是指在企业经营活动中应有的价值理念。

做大做强做长是所有企业都想达到的目的。如何正确理解和处理"大""强""长"三者关系是企业的哲学命题,是企业发展过程中必须要清醒地认识和把握的事情。任正非有一句名言:"活下去。"这其实是企业的基本命题,也是三者关系中第一位的,只有活下去才可能做大做强,特别是制造业。制造业一般都是资产密集型、技术密集型与劳动密集型企业,进入制造业特别是先进制造业是没有退路的,后退就意味着失败,意味着前功尽弃。做长绝对不是保守,而是要把做强放在最重要的位置,要有防范风险意识,要学习成功的经验,更要学习了解失败的案例,成功往往需要无数个正确的决策,但失败常常只需要一次错误的决策。市场是一个复杂的变量,企业根据自身条件去把握机会窗口,加快做大,但永远要把握好强、长、大三者顺序的哲学关系。

1955年,由美国《财富》杂志列出的500强大企业,到2000年只剩下1/3,也就是说500家当中,只剩下100多家,大多数已经破产倒闭了。美国兰德公司所统计的世界破产倒闭的大企业名单显示,在1000家破产倒闭大企业中,有850家(85%)是因企业家决策失误所造成的。由此可见,经营性决策是企业做长的关键性因素。

(1)创新理念。任何产品都有生命周期,一个企业想取得持续成功就要树立持续创新理念,需要经营性决策创新。经营性决策创新是企业创新的重大、关键创新,其取决于四个条件:第一,创新精神;第二,合理的知识结构;第三,经营性决策创新的路径管理;第四,创新性思维能力。正确的经营性创新能力是一个企业做强、做长、做大的关键。企业运营创新,运营是企业战略规划实施的路径。企业要善于通过制度设计将创新理念转化成一种全员、全面、全过程创新的企业经营行为,成功企业的一个重要动力就是不断根据企业经营环境的变化进行大胆创新。

(2)客户第一理念。这是企业存在的理由,企业通过满足客户的产品质量、价格、服务等机制来实现企业的经营目标,获得利润。但利润不是第一目标。正确的经营理念应该是做事业兼顾赚钱。客户第一就首先要贴近客户、感悟客户、满足客户,使以客户为中心成为企业全体员工的努力工作的目标,成为部门、组织共同的最高目标。

(3)企业共赢平台理念。企业是所有者、经营管理者、劳动者的共赢平台,只有企业好,才能使包括股东在内的全体员工利益最大化。企业不仅需要资金资本,还需要知识资本、能力资本。以人为本,首先是以员工为本。要通过各种制度设计将它们量化到员工身上,落实到具体管理活动中,体现利益共享和风险共担的管理理念和实践原则,才有可能形成一种众志成城的企业文化氛围。

(4)管理理念。企业一切活动皆有创新,一切活动皆有管理,管理代表着企业的竞争能力。德鲁克在《创新与企业家精神》(2007)中指出:管理是引导美国经济迈向企业家经济的新技术,管理促使美国走向企业家社会。管理是中国企业的弱项,我们要集中精力提升企业全面质量管理、精益管理、六西格玛管理、卓越绩效管理和企业其他有效管理。只有实现管理上的赶超,才能实现企业的赶超。

(5)品牌理念。世界上有两种商品,一种叫产品,另一种叫品牌,对于产品,只要价格比别人更低,卖得更便宜,你就能获得商品交易。而品牌则不同,它是一种特殊的商品,品牌赋予了产品文化内涵,存在于客户的心智模式中,它能获得比同类产品更高的附加值和利润。企业对外经营的核心思想就是做品牌。

(6)诚信理念。诚信是企业最基本的经营文化理念,是指企业内在自觉遵守诚信原则,完全以诚信理念指导自己的企业经营活动,以国家法律、行业标准、对客户承诺和以契约为基础的诚信,服务于客户、社会。诚信是企业最大的无形资产。

4.3.4 企业文化核心竞争能力形成机制

企业文化所产生的核心竞争能力是由企业核心价值观形成的。核心价值观是企业文化最高层次的文化思想，企业是一个经济组织，但从文化角度去观察，其必定具有超越自身的意义。当企业和整个社会联系起来，我们归纳出的企业核心价值观就包含历史使命、共同愿景和社会责任三个方面的内容。

历史使命是企业发展的动力。一个企业不仅具有经济层面的作用，还具有深刻的民族和社会价值，每一个企业从主客观来分析都肩负着历史使命。一个时代有一个时代的使命，历史使命包含着对国家、民族的深刻理解。若国家落后、贫穷、挨打、受歧视，有觉悟的企业会将之视为企业发展的动力，并将国家、民族的发展加入企业核心价值观，从而使企业的存在具有强烈的使命感和生命力。

共同愿景是企业最终希望实现的未来蓝图。共同愿景是企业文化构成的一个重要主题，以价值观来体现，它是企业在企业文化实践过程中的共同目标，得到企业多数成员的认同与理解，是成员愿意为之共同奋斗的目标。共同愿景体现在企业的使命与任务上，包括短期目标和长期目标，具有企业价值观的具体内涵。

社会责任是企业文化的一种核心价值观，这种价值观把企业所面对和解决的社会问题表达出来。也就是说，企业发展并不是停留在自我发展的目标上，而是包括许多与社会相关的目标，这也体现出企业与国家、民族相关联的具体化。构建起包含社会责任的文化，对社会和他人负责，企业才能创造出良好的声誉。

（1）引导力形成机制。引导力是由核心价值观的导向效应产生的。企业核心价值观之所以具有导向作用，原因就在于核心价值观是企业文化体系的核心，它能指引员工前进的方向，一个具有历史使命、共同愿景和社会责任的核心价值观更能催生员工的共鸣，从而获得更有效的文化导向作用。

　　核心价值观将确定企业宗旨、企业精神及企业员工的行为准则。核心价值观决定企业文化的基本特征以及企业发展战略及运营方式，是员工共同的努力方向和奋斗目标，也是员工的共同追求。

　　企业员工来自社会的方方面面，具有不同的文化背景和不同的个人价值观，但是，当员工进入企业后，就会受到企业核心价值观的强烈指引。这时会产生三种不同的情况：使认同企业价值观的员工产生共鸣；对个人价值观与企业价值观不完全相同的员工，有着巨大的同化作用，会逐渐使其接受企业的核心价值观；个人价值观与企业价值观不相同且拒不接受企业价值观的员工，则会被"边缘化"。接受、认同，直至将企业的核心价值观内化为信念的员工，会将企业认同为实现自身理想的舞台，他们将全身心投入，因而他们会加倍努力地工作，更好地施展自己的才华。企业通过对新员工的培训，经过认知、认可、认同到内化为员工的思维与行动方式，来改变和塑造员工的核心价值观，从而产生企业文化引导力形成机制。

　　（2）激励力形成机制。激励力是由企业文化道德规范产生的效应。在企业的人力资源管理中，以人为本的思想将产生正向的激励效应，企业制度的约束力则将产生负向的激励效应，两者共同形成企业的文化激励力。

　　企业的伦理道德是通过企业的他律和员工的自律来实现的，企业制度与员工的行为准则是企业的他律，他律具体规定了哪些是对的，哪些是错的，哪些是能得到赞扬的，哪些是会受到反对和批评的。企业员工内心认同并自觉地去执行相当于自律，因为制度对于这些员工并不存在约束；而对不能自觉去执行的员工，制度相当于他律，这时候制度与文化就表现出强制性的特征，不执行的员工会不被别人认可，就会被"边缘化"，最终将由于存在价值观的差异而导致双方解除劳动合同。

　　企业制度的约束具有强制性的特点，但制度不可能无所不包，也不可能无所不能，再者，制度的约束还要有人来执行。制度是行为方式的最低标准，更多表现为负激励，文化则是行为方式的最高标准，更多表现为正激励，它们共同作用产生了激励力形成机制。

（3）凝聚力形成机制。敬业精神、团队精神和归属意识分别产生忠诚奉献、协同效应和亲切温馨的感觉，这三种效应共同作用产生凝聚力。

敬业精神、团队精神和归属意识都是企业文化所倡导的企业精神。敬业精神是人生的一种态度，工作和劳动是人生最有意义和最有价值的事情，因此把敬业工作当作人生的追求和乐趣是价值观的体现，通过精益求精成为所在工作领域的专家，能得到社会的认同和尊敬。

凝聚力是团队精神的最高境界，同样，团队精神的协同效应能产生凝聚力。成功的团队没有失败者，失败的团队没有成功者。团队精神表现为成员对团队目标的认同，对团队强烈的归属感，以及队员间紧密合作结为一体的意识。团队精神是一个团队的生命，一个具有优秀文化的团队，必然是一个重视培植团队精神、共同价值观和激发个人潜力的组织。团队文化包括两大要素：第一要素是平等和民主，只有这样才能发挥齐心协力的效果；第二要素是实现信息和知识共享，这样才能有效发挥团队成员的聪明才智。团队精神是团队成员的黏合剂，它使团队内部员工紧密团结起来，同舟共济，团队文化能增加组织的凝聚力。

人具有群体性，一个好的企业文化，特别是以人为本的企业文化能获得员工的归属意识和群体意识。一个好的团队具有良好的沟通意识，良好的沟通能促使人的精神回归，相互之间产生互相帮助、互相依赖的心理，形成和谐氛围，成员之间的互相关心、互相尊重形成家的温馨，从而产生凝聚力。

（4）企业竞争要素的形成机制。企业竞争能力要通过竞争要素来体现，从企业活动来看，表现为技术、生产与营销，从竞争能力体系来看，表现为创新能力、管理能力、商业能力和企业文化力四个要素。但是在核心竞争力中四要素的作用和地位是不相同的，企业文化起着基础性也就是"根基"的作用，企业共同的价值观指出了企业存在的意义和根本目的，决定了企业的努力方向。创新在企业发展中起着很重要的作用，但是，企业创新中最主要的是创新意识，不仅创新意识要有文化的支持，创新过程也要有文化的支持。因此，在核心竞争力的创新能力背后起支撑作用的是企业文化。企业管理是对企业生产经营进行计划、组织、指挥、协调和控制等一系列活动的总称。管理是为贯彻企业理念、实现企业目标而采取的行动。不同的企业文化具有不同的管理方式，先进的企业文化能产生先进的管理模式，特色的企业文化能形成特色的企业管理，管理背后的核心是文化。最后，商业能力是企业整合外部资源与内部资源的能力体现，这种能力的形成和发挥作用也需要有先进的文化理念作支撑，外部资源环境对企业的认同实质上表现为对企业文化的认同。由此可得出，在企业核心竞争力体系中，企业文化处于核心竞争力的基础地位，是整个企业核心竞争力的根基。

4.4 创新与企业文化

4.4.1 企业文化创新

当前中国经济发展正处在新旧动能转换的关键时期,创新成为改革的新路径,成为我国经济发展的长期战略支持。创新是企业生存和发展的根本,企业只有通过不断创新才能适应市场竞争和获得发展的机遇。

企业理念创新、企业文化创新是企业创新活动的思想源泉。既包括企业哲学、企业精神、企业伦理、行动准则等精神现象,又包括为顾客、社会、人类发展作贡献的企业目标。既包括精神文化,又包括这些精神内容赖以存在的发展载体和基础。

企业创新包含企业文化创新。企业文化创新是企业最高层面上的创新,是企业创新之首。企业文化创新又推动着企业的全面创新。美国历史学家戴维·兰德斯在《国家的穷与富》(2010)一书中断言:"如果经济发展给了我们什么启示,那就是文化乃举足轻重的因素。"文化是经济发展的核心因素,经济发展的过程也可以说是文化发展的过程。企业创新必须借由企业文化创新之导向和协助,以促使企业内部达成求新思变的共识,企业创新不会一帆风顺,会遇到挫折甚至失败,因此企业创新文化要建立在鼓励创新、容忍失败的氛围中,建立敢于创新、敢冒风险的创新文化。

20世纪80年代以来，企业文化在世界范围内受到前所未有的高度重视，如今企业文化正在逐渐替代资本、技术而成为企业的核心竞争力。随着中国企业改革的深化，国内经济市场化进程的推进和市场竞争的加剧，科学技术进步和知识经济来临，企业生存和发展环境不断变化，使企业竞争更加激烈。这种环境变化，促使企业从更深层的发展动力即企业文化层面不断进行创新。

企业必须通过文化创新，努力成为学习型组织，使企业文化创新引领企业创新思想，从而获得持久发展。

当前，我国正处在经济增长方式的转变阶段，企业管理也正从粗放型向集约型转变，这对经营机制和体制、组织结构的扁平化、企业技术进步、管理能力等提出了更高的改革要求。企业必须通过企业文化创新的引领，充分发挥企业文化的导向功能、激励功能、凝聚功能，促进企业经营管理水平和技术创新能力的不断提高。

文化创新的根本核心是企业文化的价值观。企业价值观是经营者和全体员工开展企业生产经营活动的行为准则。美国盖洛普咨询公司曾做过一项调查，发现有竞争力的企业尤其是核心竞争力强的企业，都注重解决三个关键问题：顾客忠诚度的高低和忠诚群体的大小；员工忠诚度的高低和忠诚群体的大小；品牌影响力的高低和大小。这三个关键因素决定了企业的命运，而决定企业能否解决好这三个关键因素的恰恰是企业文化，即企业文化价值观。

因此，企业文化首先要树立"顾客第一"的观念，要让企业所有员工都树立全心全意为顾客服务、为客户创造价值的思想。顾客有两个层面，一个是内部顾客，另一个是外部顾客，这两个层面是统一的，即下道工序是上道工序的顾客，上道工序必须为下道工序服务。而外部顾客是最终顾客，企业所有成员必须确立围绕外部顾客服务的理念，为顾客创造价值，从而获得顾客的忠诚度。

企业内部必须树立以人为本的价值观，企业是由人所组成的。企业文化是人的文化，因此企业文化必须强调以人为本，企业与员工要建立共同愿景，就必须尊重人、爱护人、培育人、吸引人，从而共同成长、共同发展。企业文化创新要在共同价值观的基础上，最大限度发挥人的积极性和创造性，从而推动生产力发展。

对我们来说，最大的挑战是在确定的现在与不确定的未来之间做出正确的判断，我们必须把握市场趋势，从而做出正确的决策。市场经济从某种意义上讲是品牌经济，是可以准确把握的市场趋势。

商品有两种，一种是产品，另一种是品牌，产品只是显示其功能，而品牌在产品的基础上还显示其文化，人们在购买过程中，不仅选择产品的功能，还在选择产品的文化。产品的品牌具有不同的商业价值，也就具有不同的价格，因此企业在生产产品时必须以品牌为目标。相同生产要素投入产出获得的是不同的价值，这就是企业文化的竞争力。因此，我国企业文化创新要清晰地完成商品制造向品牌创造的转变。

4.4.2　企业文化对创新的引领作用

先进文化是企业发展最为持久的动力，优秀的企业文化对创新的促进在于为创新提供一种内在动力，对创新具有引导作用，它不仅引导企业崇尚创新，更重要的是提升创新的质量，从而引导企业发展的质量，使企业获得和积累一种创新能力，进而持续发展。

（1）超越自我。

企业文化是社会文化中的特殊文化，同时具有社会文化的普遍属性，即促进人的发展。按照人本主义心理学家马斯洛的理论，人的需要有五个层面，即生理需要、安全需要、情感和归属需要、受人尊重的需要、自我实现的需要。人的发展首先在满足其不同阶段的需要，人们在追求其自身需要的过程中，实现自身价值，这就产生了自我激励和自我超越。人在生产要素中是最具活力的要素，因此人的发展是企业文化的根本主题，只有人发展了，企业才能获得发展。所以从根本上说创新取决于人的发展，人的发展与人的自我激励和超越自我紧密关联。企业文化是以人的发展、人的自我超越为立足点和出发点促进企业创新的。也就是说，企业文化是通过人的自我激励和自我超越来实现企业创新的一种内在需求的动力。企业通过创新的实现，使人的发展的价值和意义充分地体现出来。

在实现创新的过程中，创新者面临的最大障碍，除了创新本身的复杂性与不确定性之外，更重要的是如何克服创新因素所带来的心理影响。这个影响是与创新的不确定性的风险相关联的，面临创新的风险，需要有良好的心理素质和对风险的态度。企业文化需要两个方面的要素，首先是倡导创新过程中的超越自我精神，个体的超越精神积累就形成了一种团队精神和企业精神，也就是说，创新其实是建立在培育一种超越自我的企业精神基础上的。超越自我就是不断地否定过去，重新认识自我，敢于挑战自我、战胜自我。强者会在失败时去认识自我，不断进取，弱者会在失败中消沉和迷茫。超越自我的企业精神，能让企业不断走向更高的竞争起点，确立更高的目标，带来更多的竞争优势，从而获得更多的成功机遇。其次是企业文化要有更多的包容，鼓励创新，宽容失败，因为失败是成功之母。爱迪生一生有1000多项发明，每一项发明都是在多次失败乃至上百次失败之后，才获得成功的。爱迪生说过："任何问题都有解决的办法，无法可想的问题是没有的。"只有形成鼓励创新、允许试错、宽容失败的企业文化环境，才能更好地鼓励企业创新精神。

华为就是一个始终奔跑、始终不可被取代的企业，不可取代源于不断超越自我。

任正非说："要敢想敢做，要勇于走向孤独。不流俗、不平庸，做世界一流企业，这就是生命充实起来的根本途径。"任正非告诫员工：公司要有预见未来的能力，认识到市场的激烈程度，在当前的条件下，打破常规，敢于做别人没有想到或没有做到的事情，而不是按部就班。任正非说："经验主义"的结果只有死亡。

任正非要求华为人拒绝僵化的思想，因为他看到很多企业的失败都是因为死死抱住"成功的经验"，故步自封。他们因为不懂得在策略上自我扬弃，也不在经营模式和管理理念上自我超越，所以最终才会成为故步自封的牺牲品。因此任正非希望，华为人要有超越自我的精神，把目光投向未来，在获得成功以后，仍然不断进取。

《华为基本法》引领华为走向成功，并成为华为经营理念的总纲领。《华为基本法》可以说引领了华为十年的高速增长，保证了华为在战略上的专注与执着。但在2006年7月，任正非说：我们不能以教条的观点去理解"基本法"，"当外部环境发生变化的时候，当新的机遇来临的时候，谁固守《华为基本法》的教条，谁就是傻瓜"。正如德鲁克曾经提到的："所有企业都有其对市场、顾客、竞争等的假设命题，那么在成功之后，组织的内部环境已经发生了变化，而组织如果不能够及时调整这些假设，就有可能陷入成功的陷阱。"

华为的高速发展还源于先进的管理。IBM是世界上首屈一指的高科技公司，但基于对市场和客户的洞察，明确自己一定要向服务型公司的战略转型，IBM从会跳舞的大象蜕变为智慧地球的代言人，从全球范围内整合资源，重新梳理供应链以及改写自己内部管理流程和工作模式，从一个传统的制造生产型企业变身为真正灵动的全面咨询服务提供商。

任正非访问了IBM公司，特意了解了IBM的产品开发模式、供应链管理模式，并决定与IBM合作，引进该公司先进的管理技术，决定花巨资聘请几十位IBM专家帮助华为进行大规模、全方位的管理变革。

变革最大的阻力就是组织内部原有的观念。当任正非要求引进IBM公司先进的管理技术时，很多人就提出：根据中国国情，根据实际情况进行改造，有选择地应用。在他们看来，"美国鞋"穿起来未必就合脚，甚至还有人认为，华为现有的流程都要优于IBM的管理流程，华为公司完全可以凭借以往成功的经验发展下去，无须改革。

华为人的自负让任正非很担心。在任正非看来，重视经验固然重要，但不能故步自封，经验的背后是杀机。最后，任正非对那些安于现状的"聪明人"进行了严厉的批评：我最恨"聪明人"，认为自己多读几本书就了不起，有些人还不了解业务流程是什么就去开"流程处方"，结果使流程七疮八孔老出问题。我们将通过培训、考核竞争上岗，即使有人认为自己比 IBM 还要厉害，不能通过考试的也要下岗。

显然，任正非坚持要求华为人拒绝僵化，要有开拓进取、超越自我的精神，学习国际一流企业的先进管理技术，让华为的发展迈上更高的台阶，任正非甚至把这次变革称为"革自己的命"。

（2）追求卓越。

追求卓越是企业文化引导创新的主题，追求卓越并非一种成就，而是一种精神，卓越不是标准，是一种境界，它不是优秀，而是从优秀到卓越的一种精神状态，这种精神状态形成卓越企业的生命状态。它是一个永无休止的学习过程，永不满足。追求卓越是创新的动力，是奋发图强、自强不息地追求卓越的创新精神。

按照熊彼特的创新理论，创新是一种创造性的破坏，它创造出一个新世界，同时也要破坏一个旧世界。要进行创新就要突破现状，就要克服来自传统的各种因素的制约。具有创新精神，就要具有更远大的目标，追求卓越就是具有批判的精神和克服惰性的武器。

创新在于否定过去，否定现状，以现在为起点再向上攀登，其中更重要的是勇气和眼光，企业需要一种精神，追求卓越代表了不断追求的创新精神。

企业中最重要的是人，卓越企业背后有一大批卓越的人，每个卓越的人背后都具有一样的品质，从普通到卓越需要企业文化的引领，在企业追求卓越文化的熏陶和精神的感召下，实现卓越。

20 世纪 80 年代，海尔开始生产电冰箱，最初海尔生产的冰箱质量合格率偏低。在对400台冰箱进行全面的检查时，发现76台冰箱存在缺陷，这与海尔追求卓越的意识不相符，于是海尔决定公开展示这76台有缺陷的冰箱一个星期，并标上其缺陷所在及生产员工的名字，让员工们讨论。

大多数人认为，这些冰箱可以低价内部处理。但是海尔却做出了一个惊人的举措：销毁这些有缺陷的冰箱，并且让生产这些有缺陷产品的员工自己亲手砸掉它们。这一砸深深地触动了员工们的心灵，因为一台冰箱在当时值800元，相当于一个人2年的工资。从此，海尔追求卓越的企业文化意识落到了实处。如果任由不良风气存在下去，那么就会产生出负面积累效应，就会使海尔失去质量创新的动力。正如张瑞敏所说，一旦允许76台次品通过低价处理，那么就有760台、7600台的不合格产品出现，海尔就会走上自绝之路。"砸冰箱"事件之后，张瑞敏在员工大会上就提出"要做就要做成最好"的企业文化理念。在这种文化推动下，追求卓越使海尔的创新渐渐显示出活力，海尔因此在家电行业中脱颖而出。海尔追求卓越的文化精神使其确立了自身的品牌。

追求卓越是海尔把其企业文化贯穿到现实行动的重要目标，用海尔人的话来说就是"要么不干，要干就干第一"。海尔用这样的目标来规范技术创新、生产过程控制的各项工作，坚持达到"高标准、精细化、零缺陷"的创新效果。在海尔追求卓越的理念中，"有缺陷的就是废品"，以创新产品质量为海尔生存发展的永恒主题。

从研发到走向市场，海尔的创新贯穿着一种文化动力。海尔永远以用户为是，不但满足用户要求，还要创造用户需求，海尔人永远自以为非，不断否定自我、挑战自我、重塑自我，实现以变制变，变中求胜。海尔的创业和创新的"两创"精神，形成了海尔在永远变化的市场上始终保持竞争优势的核心能力特征。

创新精神即企业家精神，海尔认为每个员工都应具有企业家精神，从被动经营变为自主经营，把不可能变为可能，成为自己的CEO。海尔创造了"人单合一"永续经营的双赢经营模式。海尔是所有利益相关方的海尔,海尔与全球创客、利益攸关方等共同创造生生不息的共赢共享共利价值。为实现这一目标,海尔不断进行商业模式创新,逐步形成和完善具有海尔特色的"人单合一"双赢模式。"人单合一"双赢模式为员工提供机会公平、结果公平的机制平台,为每个员工发挥"两创"精神提供资源和机制的保障,使每个员工都能以自组织的形式主动创新,形成员工卓越、企业卓越的企业卓越文化。

海尔文化的核心是创新。海尔文化是在海尔30多年发展历程中产生和逐渐形成的特色文化体系,以观念创新为先导、以战略创新为方向、以组织创新为保障、以技术创新为手段、以市场创新为目标。随着海尔从无到有、从小到大、从大到强、从中国走向世界,海尔文化本身也在不断创新、发展。顾客第一、以人为本、追求卓越是海尔文化的最大特色。

我国于2004年正式发布GB/T19580《卓越绩效评价准则》(一部以卓越为目标的,全面提高企业经营管理质量,从而提升企业竞争力的评价准则),并设立国家质量奖,鼓励更多企业为追求卓越,通过自我评价不断自我改善、自我超越。《卓越绩效评价准则》既是标准也是一种思想,是企业不断追求卓越的精神,企业不管大小,只要有这种精神,就能成就自我。

(3)持续学习。

学习是一种思想也是一种文化,持续学习,建立学习型组织是创新过程知识管理和能力提升的一个重要方法和途径,组织通过系统有组织的专业学习,形成组织学习的氛围,充分发挥员工的创新思维,提升企业的组织创新效能。组织通过企业文化学习和行动,可以逐步形成特有的组织创新理念和创新行为模式。

一个人从社会、学校进入企业是一种身份的转变,存在着原有文化和企业文化的碰撞,组织学习将更有利于个人身份转变为组织身份,从而使个人融入企业新的团队，适应新的文化。

不仅组织学习会影响当前的组织成员，通过组织学习所积累起的组织历史、组织经验、组织规则、组织知识及组织能力也会给企业带来长远而深刻的影响，成为企业文化的一部分。

组织学习必须具备三个条件：第一，能获取知识，并在组织内传递和交流知识，进一步创造出适合企业需求的新知识；第二，能增强组织自身的创新能力；第三，能给组织带来绩效的改善。

组织学习可以分为内部学习和外部学习，内部学习可认为是扩张型学习，外部学习可认为是跳跃型学习。外部学习即组织间学习，是组织学习的重要渠道，包括向竞争对手学习、向业务伙伴学习、向同类制造企业学习、请咨询公司培训学习、向可以学习的组织学习。学习是一种文化心态，学习的过程就是发现问题、自我纠错、更快成长的一个不断循环的过程。

追赶型企业向竞争对手学习、向标杆企业学习，特别是要解决"学习如何学习"的问题，通过反思组织视野、组织学习方法和学习中的缺陷和不足，找出存在差距的本质原因，克服自身不足，在组织内部建立"组织思维"创新，学会建立组织自我完善的路线图，更重视和把握技术机会和市场机会，从而不断以新的产品和服务来赢得生存空间，并从追赶型向赶超型转变。

落后的企业文化是组织学习的最大阻力，如得过且过，不求进步，存在习惯的惰性，没有危机意识，普遍存在学习障碍。有一些企业主要领导看起来整天忙忙碌碌，解决的都是眼下着急的鸡毛蒜皮的事，对当前可能不急但确实关系到企业发展的重大战略却无知和无视。不少企业在工作方向上存在思维误区，组织的障碍多数来自经营者的旧思维。思维创新是组织创新的思想源泉。

建立知识管理和能力管理的运行机制，在由知识主导的经济和知识密集型、管理密集型的现代企业中，学习能力是所有能力中最关键的组织核心能力。学习型组织是指建立在彼得·圣吉五项修炼的基础上，通过大量的个人学习和组织学习，形成一种有利于学习环境的有效组织，成为企业文化的重要部分。《第五项修炼》提供了一套使传统企业转变为学习型企业的方法，使企业通过学习提升整体运作"群体智力"和持续创新能力，成为不断创造的未来组织。

持续学习，建设学习型组织，首先来源于企业领导团队的学习，没有企业领导层对学习的深度认知，就不可能形成一个自上而下的学习型组织，学习就不会成为企业文化的一部分。学习型组织首先引导的是团队学习，团队学习以组织目标和团队目标为平台，这些目标需要直接或间接地通过团队的努力来达到。这样的目标成为团队学习的共同愿景，它是学习团队组织中所有员工的愿景景象，从而成为个体和团队学习的动力。终身学习是 21 世纪的生存概念，从新员工入企培训到企业员工终身学习都以知识学习和能力学习为前提，企业既是具有经济效益和社会效益的功能组织，也是员工知识、能力、文化受教育的大学校。

学习一定要和实践相结合，这样做一定会取得具体的成果，就是最终能转化为产品及服务，为企业、顾客创造价值。学习成果应该获得激励，激励包括薪酬激励和精神激励，也包括在整个组织内传播和交流，这样的学习才能形成学习的自主增长模式。成功的学习型组织将决策权尽最大可能向组织结构的下层移动，通过组织自我能力学习，保证上下级沟通顺畅，形成整体互动、协调合作的团队群体，将组织知识、组织能力、组织文化视为企业生产力的重要资源，形成持久内在智慧型、创新型竞争能力。

4.4.3 企业文化与创新的共同进化

从根本上说，企业文化源于创新，因为在创新过程中，企业必须通过不断的尝试、选择、克服困难，才能取得成功。这样一些有效的工作方式与模式就逐渐沉积下来，通过实践活动形成了企业文化。而企业文化一旦形成，又会反过来影响企业对创新的选择，以这样或那样的方式来促进创新。这样一来，企业文化与创新之间就形成了良性的互动，由此带动双方的发展与进化。企业文化与创新的共同进化，把企业文化追求发展与创新创造两个方面融合在一起，使企业在技术、质量、效率、效益方面获得持续提升，使企业"生生不息"。

企业文化构建的是环境，创新活动则是系统，它们之间相互作用，构成了一个共同向前的进化机制。

企业文化与创新的相互激励机制。激励是促进人的内在动力的一种心理过程，有效的激励可以成为组织发展的动力保证，企业文化与创新有着相同的目标，即追求企业持续经营与永续发展。激励有物质激励和精神激励，相对来说，创新更强调的是事与物，更容易获得物质成果，从而通过物质给人以物质激励，而企业文化通常强调文化因素，从人的心理需求，产生对人性的精神激励。因此，企业文化与创新存在相互激励的作用机制。

一方面，企业文化构建需要创新，另一方面，创新需要文化来为其指明方向，把创新的潜力充分挖掘出来，产生一种相互促进的观念，以及由此而建构起来的实践结构，共同构建企业发展的模式。

企业文化与创新之间共同进化机制的一个重要方面为学习机制。所谓学习机制，是指在企业文化与创新的共同进化过程中，参与创新活动的不同个体或组织把不同知识连接起来，根据需要在不同的个体或组织之间相互传播、适应、接收和更新，从而将创新所需的知识从不同的承载主体转移并整合到产品之中，既升华了创新的企业文化意义，又促进了企业文化在创新中的渗透与影响，共同构建起质量、效率、效益与发展相融合的企业经济成长模式。

学习机制源于创新，从概念到实现产品的过程中需要把许多前沿的知识整合到产品中，这些知识既有自然科学方面的知识，也有社会科学、人文方面的知识，尤其是人文知识，从一定程度上说，它蕴含着极其深刻的文化内涵，这些文化内涵可以升华为企业文化。另外，企业文化也能够丰富创新的知识内容，以理念、哲学等来引导创新，促进创新成功，形成创新与企业文化之间的能力转化。

5 企业文化落地

1992年中共十四大报告中提出在确立社会主义市场经济模式的同时建设企业文化的任务。这是中共中央在重要文件中第一次写上"企业文化"四个字。"企业文化"与"市场经济"是同时写上去的。1999年召开的中共十五届四中全会又提出，要建设积极向上的企业文化，企业文化伴随着市场经济而产生、兴起和发展。

5.1　企业文化价值在于落地

企业文化是一种微观经济中经营管理的文化,是一个企业在经营实践中所凝结、积淀起来的一种文化氛围、价值观念、精神力量、经营境界和广大员工所认可的道德规范和行为方式,将企业经营管理理念和价值观体现在企业管理制度中,体现在经营实践中,体现在员工的行为方式中,由此构成了一种良好的组织气氛,影响员工的工作积极性和凝聚力,以文化的力量推动企业的进一步发展。

在企业文化兴起和成长过程中,我们往往会发现不少企业精神是一样的原则"化",如求实、创新、开拓、进取这样 8 个字,这 8 个字当然很好,很重要,但这种雷同化的说法没有个性,它只能说是企业界的共识,充其量是"企业界精神"而不能算是企业文化。因为它没有反映出企业的个性,没有真正经过深度思考,没有和企业经营及自身的特点相结合,这样的企业文化大概率是不会落地的。

企业文化要渗透在企业运行的各个方面、各个环节,要把企业文化融入企业的经营活动之中,融入产品开发和技术创新之中,融入企业的生产管理之中,融入产品商业化的服务过程之中,更重要的是深植于每个员工的内心,体现在员工的言语、态度和行为之中,因此企业文化必须落地。

企业文化落地一定是企业的宗旨、价值观、理念及企业精神的落地。企业文化落地是一个企业民族精神凝聚的过程，也是企业机制性文化、经营性文化、管理性文化、创新性文化落地的过程。

企业成功的关键在于核心竞争力的确立，核心竞争力并不是个别要素发挥作用，而是构成企业的众多要素的整合。企业文化落地要有利于构建企业持续发展的核心竞争力。企业文化固然重要，但只有落地的企业文化才有用。落地指的是落地生根，企业的每一个员工，都能够把企业倡导的理念转化为一个个创新的行为和结果，这其实是一种如何实现"言行一致""执行到位"的结果导向的管理。

5.2 员工参与的一把手文化

《华为基本法》1995年萌芽,到1996年正式定位"管理大纲",于1998年3月审议通过,共经过九稿修改。

华为当时最缺的是一套能引领整个企业的价值体系,《华为基本法》的雏形其实就是这样一个文化大纲、管理大纲。

《华为基本法》的制定工作从1996年开始,经过中国人民大学专家组和华为高层的多次交流讨论产生了第一稿,在华为的一次总裁办公会上,基本法第一稿发布。当时,任正非说道:"基本法的起草一定要搞群众运动,要让员工真正投入。"

基本法第一讨论稿发布后,华为公司上下干部员工以极大热情投入到讨论中来,他们对基本法的结构、命题、表达、用语,乃至标点符号,都提出了各种修改建议和意见。

基本法第四讨论稿刊登在1996年12月26日出版的《华为人报》第四十五期上,许多员工在假期中也将其带在身边,大年三十晚上,吃完大年夜饺子,读给全家人听。

为了把基本法的讨论引向深入,华为公司针对基本法中的一些关键命题设计了几个辩论题。辩论会吸引了全公司的员工,在激烈的辩论中,基本法的理念如春雨润物一样,渗入华为人的心田。

经过1997年一年的讨论修改，基本法改到第八稿，在即将交付审定讨论之前，华为公司二级部门经理以上的干部，每人都认真地写下自己最后的意见和建议，之后，基本法才最后定稿。此时是1998年3月，从开始筹备到成稿，前后经历了3年时间。

我们需要关注的是《华为基本法》的起草过程比其本身更为重要，《华为基本法》是任正非最早思考的问题，也是在任正非亲自参与、亲自推动下进行的。而正是通过这个过程，任正非本人实现了自我超越，完成了对企业未来发展的系统思考，同时通过这一过程，高层管理团队达成了共识，形成了统一的意志，并且经过所有员工的参与，最终形成了基本法的权威性和员工内心的认同感，为基本法的落地打下了坚实的思想基础，这种模式在中国乃至在世界企业中都是极其少见的，但无疑这又是最好的、最有远见的一步。

其中有三点启发：第一，将企业家个体思维转化为组织思维。将企业家个人对企业未来的前途、使命、愿景的思维真正在企业内部达成共识，这是一个权力智慧化的过程，解决了企业成长的动力机制问题。这是中国民营企业首次对自身未来成长和发展的基本命题所进行的系统思考，对企业的发展具有划时代的意义。第二，为企业培养了一支领导团队，两三年的讨论、思考过程，是一个文化提炼的过程，也是培养人才的过程。每名参与工作的专家、华为方面参与基本法制定的干部本身，都经历了一个理念创新、文化洗礼再造的过程。专家小组成员后来提出的管理思想体系，很多都得益于基本法起草过程的启发。其间，对企业价值的思考尝试，是教科书永远无法解决的。写作过程中，学者的思想在影响华为人，华为人的思想和行动也在影响参与的专家、学者，这是产学研在管理领域相结合的典范。第三，整个过程的形成构建了企业的顶层设计模式，使企业从机会导向成功转向战略导向。

5.3　企业文化的组织建设

企业组织机构,是指企业为了有效实现企业目标而筹划建立的企业内部各组成部分及其关系。企业组织机构也是企业文化的载体。毛泽东高度重视军队的思想文化建设,最早提出党指挥枪,提出把支部建立在连队上,形成了一整套从班组到红军最高层次的党的政治思想和文化宣传组织系统。

1927年9月29日,湘赣边界秋收起义后,毛泽东率起义部队到达江西永新县三湾村。当时起义部队不足1000人,组织很不健全,思想相当混乱。

由于部队没有建立基层党组织,党不能切实掌握部队,雇佣军队的影响仍然存在,加之作战失利、连续行军,一些意志不坚定的人开始动摇。在这种情况下,如果不解决部队存在的问题,不加强党对军队的领导,不仅难以适应艰苦的环境,而且无法完成艰巨的革命任务。

为了使这支新生的革命军队适应革命斗争的需要,毛泽东在到达三湾的当天,就主持召开了前敌委员会议,决定对起义部队进行整顿和改编,在军队中建设党的各级组织,班设小组、连设支部、营团建党委、连以上各级均设党代表,全军由毛泽东任书记的前委领导。改编还确立了军队内的民主制度,建立士兵委员会,实行政治民主、经济公平、官兵平等，消除旧军队的雇佣关系。

　　这次改编确立了中国共产党对军队的绝对领导原则，从它开始，共产党的部队就有了一个规范的传播党的思想和组织文化的网络。三湾改编是共产党领导部队的一个重要转折点，解决了如何把以农民及旧军队为主要成分的军队建设为一支无产阶级新型人民军队的问题。毛泽东以深邃的历史眼光和英明卓越的远见，确立了党对军队的绝对领导。

　　企业一把手往往是企业文化的倡导者，也是企业文化的执行者，更是企业文化的示范者。企业文化是软件不是硬件，往往不能立竿见影，而不同的人受不同文化的影响对企业文化在企业中的重要性往往不理解或不重视，这都是推动企业文化的阻力，因此企业文化必须一把手负责，其中包括事业部一把手、部门一把手、班组一把手。做这项工作既要有激情又要能持之以恒，因此培养和建设各级主要领导的企业文化意识十分重要。企业文化在更大程度上由管理人员的实际行动决定，而非他们的口头表述。严格地说，与任何形式的语言相比，行动的汇聚更能接近目标的实现，因此企业文化的组织不光是一个单纯的组织架构，更是在这个架构各节点上的"一把手"能达成共识，建立起共同的价值观和远景目标，并起着示范作用。

　　为了保持企业文化价值观的连续性，许多成功的企业都注重从了解并信奉企业文化价值观的内部员工中培养和选拔领导者，这种机制导向又反过来影响组织成员的价值理念。

　　在企业的组织建设中，既要建立行政组织，又要使各级党、团组织和工会充分参与进来，形成自上而下的纵向与横向的组织体系。企业文化融入企业的各项经营管理活动中，企业文化人才队伍建设和企业经营管理队伍建设必须结合起来，在执行层不能另立组织系统，不然就会形成两支队伍两张皮的局面。

5.4　企业文化的制度建设

企业文化是无形的,存在于特定的组织环境之中,是一种独特的可以感知的精神氛围和做事方法,对企业员工的言谈举止和企业行为产生濡化作用,并以某种内在的力量和精神将企业员工缔结成特定的事业共同体。而企业制度却是有形的,往往以契约、责任、规章条例、标准、纪律、指标等形式表现出来,通过刚性的约束将企业员工转化成利益共同体。企业文化与企业制度是一体两面,有形的制度中渗透着文化,无形的文化通过有形的制度载体得以表现和张扬。

企业文化主要通过内在的文化自律与软性的文化引导来激励、约束和规范员工行为,强调心理认同和承诺,以及企业员工的主动意识和主动性,而制度则不同,它强调企业生产程序、标准、机制、规章、硬性的强制奖励和惩罚。制度是员工行为规范的显性化。

因此企业文化精神层面的理念要尽量多地通过制度转化为看得到、摸得着的物质。制度是企业价值观、理念、精神的集中体现,文化在很大程度上来源于制度,制度赋予文化属性、内涵。文化是以制度为支撑的,因此文化落地要在制度上下功夫,没有规矩不成方圆是中国文化对制度最好的诠释。

制度与文化作用方式不同。企业是通过制度对企业员工的行为进行规范和约束的，这种规范是带有强制性的，我们要通过制度的力量，让员工感悟什么是积极的、健康的、进取的行为，什么是消极的、退化的、不作为的行为，违反制度将受到相应的惩罚。制度的约束则主要是指一个企业组织中，企业当事人之间签订的各种正式契约、承诺以及企业根据企业目标和宗旨而确立的各种员工行为规范等。制度的约束在于该制度的"违约成本"和执行机制。

要想制度得到贯彻执行，就必须具备保证该制度得以有效贯彻的实施机制，离开了实施机制，任何制度，特别是正式约束都形同虚设，实施机制及执行是我国企业制度中最需要注意的"软肋"。我们不少企业制度设计相同，但结果却大不相同，其原因就在于实施和执行。实施和执行好坏的差异背后真正的原因是执行文化的差异。从广义思维来看，企业制度也属于企业文化的内容。

企业文化是一种柔性设计，而制度是一种刚性设计，企业领导必须重视企业文化和企业制度所发挥的不同作用，尽可能充分地利用二者之间的张力以调动企业员工的跟进。

企业制度再周全也不可能事事都规定到，但企业文化时时处处都能对人们的行为起到约束作用。企业制度永远不可能代替文化的作用。同样，企业文化也不能取代企业制度。由于人的价值取向的差异性、对组织目标的认同的差异性，要想使个体与群体之间达成一致，光靠企业文化的约束是不行的。实际上，在大生产条件下，没有制度，即使人的价值取向和组织目标得到高度的认可，也不可能达成行动的协调一致，而且企业文化要真正发挥作用还必须借助一定的企业制度来巩固和强化，通过强有力的组织机制设计和制度创新来真正落实企业文化价值观。从制度经济学的角度来看，制度是作为非正式制度的企业文化的"显化"，或者说企业制度是文化选择的结果，制度应适应企业文化。

企业活力来自许多方面，其中很重要的是企业制度安排，如果企业制度安排非常有利于调动企业中的文化要素的积极性，企业就可能是具有经营活力的企业。反之，如果企业制度安排非常不利于调动企业中的文化要素的积极性，企业则可能是缺乏经营活力的企业。

企业要形成企业文化手册、企业行为规范手册，让全体员工人手一册，企业要建立多形式的培训制度、学习制度、宣传制度、管理制度，形成能让员工主动参与的制度体系。通过班前会、班后会建立反复讲、反复学的制度，以制度保证企业文化在企业中的主体作用，在制度保证中得到全体员工的认知和落地。

制度创新的文化思想。制度建设过程是一个由表及里、由浅入深，从局部到全部的过程，也是认识在实践中不断创新、不断细化、不断完善的过程，因此应该让企业文化成为制度创新的内动力，形成制度的科学性、全面性、可操作性，使之成为企业行为规范的准则。制度建设源于文化、源于实践。

企业制度作为企业实现其经营战略目标的必要手段，尽管有相对稳定性，但要根据自身情况和外部环境不断进行可行的制度创新，使企业保持永续的企业经营活力和发展动力。企业需要自我寻找差距和问题的愿望和能力，制度建设要提升这种能力，着力于发现差距和问题。发现差距和问题是智慧，是态度，也是一种思维方式。

我们要鼓励企业管理者和企业员工参与企业制度建设，建立发现问题和解决问题的机制系统，这个过程也是企业制度创新的过程。

5.5 企业文化的领导力

企业文化是现代企业管理的灵魂，是企业发展到一定阶段后所形成的关于企业的价值观、企业经营理念和员工行为规范等非制度因素组合成的一个整体，它决定着一个组织特有的管理模式，并以其强大的文化力量推动企业的长期发展。企业"一把手"和员工建立文化沟通渠道，把企业的价值观、理念、精神融入员工的内心十分重要。詹姆斯·库泽斯和巴里·波斯纳所著的《领导力》认为：领导者并不只存在于组织和社会的高层，它存在于我们的日常生活中。领导是一种人与人之间的关系，是领导者与追随者之间的关系。领导力的实质是动员大家为了共同的愿景努力奋斗的艺术。文化是一门沟通的艺术，掌握有效沟通的策略，从而建立自己的威信，既有指挥人的"权"，也有感动人的"信"。

任正非是企业家中最优秀的文化大师之一，他对员工有强烈的文化沟通意识和能力，不仅向员工陈述公司战略愿景，还愿向员工袒露内心的柔情。他的讲话和文章，鲜有冠冕堂皇的程式习气，多数是质朴直白、细致入微的作品，其文字情感真挚、气势铺排，具有很强的感染力。

任正非不仅通过阐述自己的理念来宣传华为的文化精神，还通过各种事件、现象宣传，包括出国考察也要带头写感悟。母亲逝世，他更是撰写纪念文章，托付哀思，表达心愿，并将之发表在公司内刊，让全体员工阅读。"一把手"的企业文化思想越是真实、越是出自内心，越能打动人的灵魂，这远比一些企业官方说教的方法有效得多。

任正非的权威来自他清晰深入阐述公司的价值理念，他以反复言说的方式使这些文化理念始终处于活跃状态，不断深化了人们的理解，保持这种理念与外界环境的互动和内部状态的更新。任正非创造了一个公司高层与员工间思想联系畅通的典范。

任正非的家国情怀，极具战略的眼光，积极开放的心态，使他成为身先士卒的榜样，同时他的演讲又充满了情感的语言力量，极大地提高了公司的凝聚力和向心力。

华为的很多运动，都颇具企业文化策略的色彩，有些企业文化运动，还具有强烈的仪式感，表现在各种表彰大会、颁奖典礼、学习交流大会上。

最具仪式感的运动当属 2000 年举行的"欢送海外将士出征大会"。任正非在这次欢送大会上发表了极具激情的讲话"雄赳赳气昂昂跨过太平洋"，整个大会具有强烈的集体运动色彩。整个场地以浓烈的红色为主色调进行装饰，主席台的背景为一块红墙，上书"雄赳赳气昂昂跨过太平洋——欢送海外将士出征大会"两行大字。派驻海外的主要人员在主席台列队，集体高唱《海外进行曲》："雄赳赳、气昂昂跨过太平洋，去欧洲、进美洲、奋战在非洲，华为好儿女，艰苦勤奋斗，平等真诚，华为精神震全球。"

这次大会被赋予抽象而崇高的含义，任正非在大会上讲话说，华为人去海外工作，拓展国际市场，既是为个人幸福和公司的发展，也是为了祖国繁荣和民族的振兴。任正非将这种拓展行为比喻为战争，把出征员工比喻为将士，与革命年代志士相提并论，"为了祖国的明天，为了摆脱一百多年来鸦片战争、八国联军入侵的屈辱，以及长期压在我们心里的阴云，我们要泪洒五洲，汗流欧美亚非拉"。

2016年10月28日,华为再次派遣研发人员出征,任正非在出征大会上做出"春江水暖鸭先知,不破楼兰誓不还"的讲话。在这次将士出征大会上,任正非宣布2000名华为高级研发人员和专家将奔赴欧洲、东南亚、中东、美洲、非洲等地,配合一线的市场团队挖掘市场。任正非激励现场的2000名研发人员和专家:"时代呼唤英雄儿女,只要组织充满活力,奋斗者充满一种精神,没有不胜利的可能。"

置身会场的人员,都在这种运动中感到十分振奋和感动。《走出华为》的作者汤圣平,充满激情地描述了这种集体运动给他带来的心理感受:"当你置身在10000人中,华为事业的高度顿时让你的自豪感油然而生,当你听到全场整齐、激昂的歌声,巨大的声浪在全场起伏,不由得让你惊叹这是多么宏大的集体啊!而你正是这个无与争锋的集体中的一员,此刻华为就是你的,她就在你的面前,你想掬她入口,却又发现她飘扬在你的周围,你已听不到自己的声音。"

哲学家埃里克·霍弗曾说,团结行动乃是促进自我牺牲精神的方法,它反对个人主义,通过认同,个人不再是他自己,而成了某种永恒之物的一部分。通过参加群众运动,人们有了一种归属感和同志般的感觉,这种感觉在充满竞争的社会中是十分缺乏的。

5.6　企业文化是以人为本的共赢平台

企业文化是经营人心的文化，要经营好人心，首先就要做到管理的人性化，人性化就是以人为本。早在两千多年前，管仲就提出："以人为本，本治则国固，本乱则国危。"他认为，只有达到"以人为本"的治理境界，国家才能实现善治，他还强调，"政之所兴，在顺民心；政之所废，在逆民心"。

"以人为本"有两层含义：其一，把人当作生产力中的第一因素，人是获取利润的工具和手段，很重视人的作用。其二，人的价值是第一位的，不是也不能是手段，所以要尊重人的价值，实现人的愿望，满足人的要求，促进人的发展，在此层面上，才谈得上"以人为本"，否则就是"利本文化"。以人为本，是以人的什么为本？应该是以人的需要为本。马斯洛的"需求层次理论"提出，人的需求是具有层次性的，由低到高分别是：员工生存为本、员工安全为本、员工归属为本、员工尊严为本、员工价值为本。只有做到这些，才真正地实现"以人为本"。人都渴望找到人生的意义，如果公司能够树立这样的意识，员工自然会甘心为公司奉献。

企业文化属性之一，是将人的价值放在首位，将物的价值放在第二位。企业文化的本质就是人性化，它尊重人类的基本特征并被应用于企业管理中，使企业达到"人企合一"的至高境界。海尔的"人单合一"是建立在海尔的"人企合一"的基础上的，"人企合一"最大的特征是企业的发展方向与员工的发展方向高度统一。企业文化以尊重人性规律为前提和基础，企业文化是让员工实现自我价值的文化，是让企业追求成功的文化，两者的目标是一致的。

如果违背"人性化"这一企业文化的本质特征，企业文化就变成企业对员工的控制手段。打着企业文化的旗帜来约束人、控制人，这种文化得不到员工的认同，是没有生命力的。如果不以人的需求为出发点，只把员工当作工作的机器，就永远达不到"人企合一"的境界。企业文化的人性化程度不同，认同度就不同，人性化决定着文化的认同度。

建立企业文化首先要建立企业是共赢的平台的理念。企业是生产力的组织形式，各种生产要素只有通过企业才能组织起来，从而发挥自己的作用和实现自身的利益。由此可见，企业是保证各种生产要素共赢的平台，因此直接决定了各个主体利益实现的状况。

建立企业文化的目的，就是让所有生产要素都能够充分发挥出作用，实现一种共赢，也就是所有要素的利益都能够在这个平台上得以实现，危害了任何一方利益，都将不利于企业的发展。

企业不仅是出资人的企业，也是就业者的企业，全体员工关心、关爱企业，是一种文化的进步，任何人都应该将企业作为一个平台，失去了一个共赢平台，谁的利益都会受到损失。企业是利益共赢平台，是和谐文化平台，是公平竞争平台。

（1）利益共赢平台。利益共赢首先要体现在企业收益的分配上，只有分配上注重了各方面的利益才能谈到共赢平台的问题，实现以人为本的生存为本、归属为本。可以说，没有利益上的共赢，就根本谈不上共赢，更谈不上把企业作为共赢的平台，那就失去了企业文化以人为本的意义。在我国，不少民营、私营企业只注重投资人的利益，只注重眼前的利益，不能把员工当作共赢的一方，导致利益分配失衡，企业缺乏活力。另外，有些国有企业更多强调了国有资产收益，却没有关注员工的利益，最终导致员工对企业不关心，因为企业已经不是他们利益的平台。所以说，主人翁精神必须建立在共赢的平台上。

（2）和谐文化平台。和谐文化是形成员工内心认可的企业文化的基本要素。和谐文化首先是尊重文化，是全体员工在人格上的平等。企业作为一个经济组织需要通过组织、指挥、协调来开展经济活动。人员有不同的分工和上下级关系，但保持人格的平等，保持每个人的基本尊严是和谐文化的核心。一个企业有制度、有纪律、有批评、有奖励，不同员工收入不同，责权利不同，但应该人格平等、机会平等、权利平等。

和谐文化平台要建立人与人之间相互信任和诚信的机制。沟通才能了解，了解才能理解，理解才能包容，才能互相支持，才能获得合力，才能和谐相处。企业要有一个好的沟通渠道，要在企业中保持坦诚相待的氛围，消除一切阻隔人们自由交流的障碍，让人人都能提出有利于企业发展的建议，只有这样，企业内部沟通才能顺畅，企业文化的理念才能得以推广，企业员工才能在和谐的氛围中，共同为企业的未来打拼。有一个真诚的心，才能有良好的沟通渠道，才能实现零距离沟通。

（3）公平竞争平台。企业要建立一套公正、透明的绩效考核制度。有一个好的激励机制，才能给予优秀员工奖励和升级的机会，才能营造一个鼓励员工敢冒风险和创新的环境。反对本位主义，反对小团体、小圈子，使企业做到有令必行、有禁必止。

企业要关注弱势群体，建立员工互帮制度，让员工感受到家的温暖，让他们感到在最困难的时候有企业的依靠，这样的文化环境和企业理念才能得到员工发自内心的认同，才能使企业有凝聚力。

5.7　企业文化与过程管理

《〈卓越绩效评价准则〉国家标准理解与实施》（2007）中提出："过程管理是现代组织管理中最基本的方法之一。"从组织的愿景、使命、价值观，到战略目标和战略规划，都要通过过程管理来落实，所有改进和创新也都是通过过程改进而实施的，现代组织管理重在结果和创造价值，但结果和价值都是通过过程来实现的，因此它必须面向过程。

企业价值创造过程中，对制造业特别是先进制造业而言，过程管理是企业核心能力建设十分重要的一环，其不但形成企业经营的结果，更能在过程管理中让企业规矩文化得以落地，使严谨的工作作风和一丝不苟的工作态度得以形成，让执着、专注的敬业精神得以示范和传播，培养和形成工匠精神。规矩文化和工匠精神又反哺了过程管理质量，形成互动的良性循环，成为促进中国制造业升级的内在要素。

过程的全面管理应包括：过程策划、过程控制、过程分析与审核和过程的改进。过程是体系的基础。ISO9000质量管理体系、精益管理体系、六西格玛管理体系、科技创新体系、卓越绩效体系等都建立在以过程为基础的管理模式上。

过程管理的价值在于确保并提高企业完成所制定目标的有效性和效率，以最少的资源和消耗来达到预期目的，通过过程管理的不断优化能获得更好的产品质量、更低的成本和更高的效益。

过程管理是一种思想，是结果源于过程的逻辑推定，源于过程管理设计。设计不仅具有理论性，更源于实践性，更好的过程管理设计与更好的过程管理执行，才能更好地控制结果，最好的结果往往是不断改善出来的，是不断优化的结果。制造业文化是我国传统文化中的弱项，其中"差不多"和"马马虎虎"现象、"投机取巧"现象最容易表现在制造过程管理的流程与执行中。这种落后文化形成中国制造业追赶和超越国外先进制造业的最大思想文化障碍，彻底清除"差不多"和"马马虎虎"现象、"投机取巧"现象必须从制造过程管理入手，这是我们制造业升级的主战场。

目前，我国企业在过程管理方面较普遍存在的问题主要有：

（1）过程策划缺失。不少企业将过程策划的重点放在生产过程，而对于其他管理过程，如战略制定过程、运营计划落地过程以及产品设计、新产品试制、采购、营销中的市场策划、销售和服务策划考虑少或缺失。过程管理的类别选择对一个企业的能力来说，有一个轻重缓急、先易后难的问题，但最后都要做到可控，在可控中做到完善，在可控中做到创新。

（2）过程策划不力和缺乏经验。我国真正能做到良好过程控制的企业还不多，一个企业的过程控制，从有到优必然有一个过程，有一个从认识、学习到实践、改进、提升的不断循环的过程。①过程控制存在能力缺陷，特别是受文化因素的影响。②策划时缺乏必要的系统方法。例如：我们设计控制很多还是计划经济支配下的设计管理套路，以致设计控制严重滞后于市场。从我国企业的现状来看，设计控制仍然是贯彻ISO9000标准的难点和重点。我们从设计开始就缺乏对引进消化吸收再创新过程管理的方法进行考虑和研究，设计人员缺乏与用户及工艺人员的彻底沟通，工艺本身难以形成先进的、高标准的工艺措施和工艺控制，从而形成差距。

（3）过程文件常缺乏可操作性。过程文件是指导"如何把事做正确的依据"，但由于文件本身并不正确，在文件实施前后的验证工作又不到位，加之"人、机、料、法、环"的变异，以致文件形同一纸空文，实际操作与文件规定两张皮的现象普遍，导致产品前期故障率高，还找不到原因。

（4）过程控制失控。过程接口有两类，一类称为组织接口，另一类称为技术接口。这两类接口缺少管理，使过程信息不能无缝对接，特别表现为在新产品试制过程中上下信息不畅。接口是信息传递过程中最薄弱的环节，要保证信息传递的正确性、及时性、完整性，需要一套完整的过程控制方法。

（5）过程分析不足。目前我国企业大多数员工缺乏数据记录习惯，很多企业也没有要求员工进行数据记录并提出数据记录的方法，企业缺乏运用数据统计和分析技术进行过程控制，数据分析在我国还处于初级阶段，有的企业从未认真实施，更谈不上效果。

（6）过程控制不闭环。产品质量控制中的 PDCA 循环流于形式，产品在用户使用过程中的问题得不到全面、精细的反馈，企业缺乏对质量信息数据的分析、分类和改进以保障系统的良好运行，导致产品质量问题多点、多处反复出现，由于改进不力，后续生产的产品可靠性不能迅速提升。

（7）过程操作的随意性。不同操作者对工艺文件的理解具有不一致性，过程文件得不到与员工的充分交流和全面培训，"差不多"还表现为自我正确，有问题也缺乏报告制度，因此产生操作过程的随意性。管理者缺少对"人、机、料、法、环"变异的识别方法和思想意识，出现识别漏洞，造成生产中批量报废或留下质量隐患。同样在安全问题上，员工在进厂时企业只进行了安全意识培训，缺少岗位安全专业知识培训，缺少对安全意识和专业安全知识的固化和强化，造成新进员工安全事故相对较多。

（8）过程分析和审核。新产品试验和新产品重大改进过程中，试制与小批量或批量生产过程中，需要对设计产品进行试验、验证、审核。其中包括厂内可靠性试验和用户试用确认试验，这种试验和试用过程对问题采集、分析和判断缺少系统理论和实践知识的支持，反映了过程分析和审核能力不足。

企业文化可以引导企业的过程控制管理和员工的质量意识，过程控制的执行对员工规矩文化、工匠精神有着固化强化作用，因此必须要推进工匠精神落地。过程控制的规定条款再全面也不能事事都规定到，但通过文化对员工内心之导向，促成员工的积极参与，并提出改进和完善的建议，才能使产品和服务获得客户满意。

过程管理包括企业战略制定过程，运营计划的制定及落地过程，开发与设计过程，生产制造与采购过程，营销中的市场、销售和服务过程以及支持过程的过程管理。过程管理是企业全员参与、全过程控制、全方位推进的一个大系统，是企业直接创造价值的经营管理过程。

过程管理与控制本身就是企业经营管理的重要成果，代表着一个企业的知识体系和能力体系，是组织经营管理过程中通过组织学习、创新，将个人的、隐性的、碎片化的知识转化为组织的、显性的、系统的知识，也是组织能力、管理能力、创新能力、执行能力多种能力的体现。它又是动态的，随着企业实践和创新，通过"组织记忆"方式不断丰富、积累和提高，是企业内部个人和组织共同构成的非物质资源的一部分，是企业一种核心竞争能力。

5.8 企业文化与项目平台

先进制造业一般都涉及复杂的系统工程,是全体员工共同努力的结晶。企业三大竞争要素,即研发设计、生产制造和营销服务的全过程是核心竞争力的主战场。先进的管理方法往往都体现在这三大竞争要素上,而这些先进管理都需要全员参与、全过程控制、全方位推进。

人之所以在各种生产要素中具有第一位的作用,在于人具有主动性、创造性,谁能更好地发挥出人的这种能动性和积极性,谁才能胜出。因此企业要建立适合于发挥员工积极性的机制,要建立适合员工参与的各种项目平台,让个人的创造性通过组织来实现。

项目平台具有以下三个方面的优势和特点:

(1) 人人参与。企业文化是企业全体员工共同遵循的价值观,是全体员工思想行为的体现。我们前面提到,企业文化是"一把手"文化,做企业文化要做好组织建设、制度建设、相关职能部门的文化推进,做培训、推案例、讲故事、办内刊、广传播,这些对员工个体而言都是外因,外因要通过内因才能起作用。因此,企业文化需要全员参与,参与是将"内因"参与到"外因"的活动中。任正非对《华为基本法》的第一个贡献就是"基本法的起草一定要搞群众运动,让员工真正投入",所有员工的参与使《华为基本法》的权威得到了员工发自内心的认可,为基本法的落实打下了坚实的思想基础。我党提出的"人民战争"思想是我党历来坚持的指导战争的根本路线。我党的群众路线——"一切为了群众,一切依靠群众""从群众中来,到群众中去"均是毛泽东哲学思想的一部分。任正非就是运用了毛泽东思想来推动群众运动。作为一个经济组织,要发动全体员工共同参与企业的创新与管理,最大程度上发挥出员工的智慧和主观能动作用,"人人参与"应该是也必须是企业经营理念的哲学思想。

(2)科学方法。全面质量管理、六西格玛管理、精益生产管理和卓越绩效管理等先进管理方法,是世界制造业经历百年历史总结出来的提高质量、效率和效益,保持持续经营的科学方法,是人类共同拥有的财富。全面质量管理指导思想主要包括:质量第一,以质量求生存;以顾客为中心,坚持用户至上;预防为主,不断改进产品质量;用数据说话,以事实为基础。六西格玛管理在此基础上,更突出自主学习、主动管理,更强调人的积极因素,突出人的作用,实行以问题为导向、以目标为导向、以绩效为导向的项目管理,企业内部打破藩篱,无边界合作,形成力求完美、容忍失败的思想和方法。精益生产是使企业在生产中消除所有的浪费或者非增值活动,在没有浪费的过程中提高运行质量、降低成本和加速交付,获得最大资金效率和效益的方法,是具有一套非常完整的科学流程的改善方法。卓越绩效管理是在关注上述科学管理的基础上,更突出经营管理的大质量观念,以领导、战略、顾客和市场为中心,做正确的事的经营战略思想,从而形成了企业从经营到管理,从过程到结果的大质量概念。科学方法就是科学发展观的方法。

(3)革新精神。革新精神是指具有能够综合运用已有知识、信息、技术和方法,提出新方法、新观点的思维能力和进行发明创造、改革、革新的意志、信心、勇气和智慧。革新精神就是创新精神。上述企业管理项目正是运用科学的方法不断改革和革新的。以事实为依据,敢于打破原有的框框,敢于破除成规,发挥新的知识的作用,获得解决问题的能力。上述管理项目都鼓励创新、容忍失败,为革新创造了良好的环境,从而在更大范围内提升创新氛围,形成积极主动的创新精神,使创新文化得以落地。项目的成果又能进一步发挥员工自身价值并得到他人和组织的认可,进一步激发员工的士气,形成企业持续革新的内生动力。

项目的成果,往往是看得见的具体成果数据,体现在物质层面,而项目更具有非物质层面的成果。目前经济理论界提出的企业获得竞争优势的资源基础理论,是把有形资源和无形资源作为研究重点,提出无形资源具有稀缺性、不可模仿性和不可替代性,是一种最为重要的核心竞争力。资源基础理论中的无形资源主要指知识资源、能力资源和精神(文化)资源。而"项目平台"恰恰是以上三种资源的最好的学习平台、交流平台、实践平台,使人的知识、能力和精神文化得到质的提升,从而形成强大的企业核心竞争力。

5.9 企业创新文化

企业创新文化是指在一定社会历史条件下,企业在创新及其经营管理活动中所形成的具有自我鲜明特色的创新精神形态与创新物质形态的总和,是企业为了适应新的竞争形势而形成的关于创新的一系列知识内容、意识形态和文化氛围。

创新是一个企业生存和发展的灵魂与动力,创新能力是企业的核心竞争能力,是企业的一种战略资源。企业文化创新是企业最高层面上的创新,而创新文化又是企业文化创新中的重点和难点。创新型文化的构建在企业文化中更富有挑战性和前瞻性,需要有组织愿景的引导和富有创新精神的领导者以及充满激情的管理队伍的带领,需要团队对创新文化深刻认识和把握,更具有持续的、不折不挠的态度,值得作为一种理念长期坚守与奋进。

一个企业的创新文化取决于多重因素,最关键的是是否具有创新精神、创新思维。创新精神受不求上进、因循守旧、僵化保守、满足现状的思想约束,与创新精神正相关的因素包括积极进取、敢于挑战、超越自我、追求卓越的精神。创新精神源于组织的核心价值观,源于组织共同愿景以及组织的历史使命、社会责任,从而在组织内凝聚广泛的思想共识,熔铸坚定的创新精神。创新思维受性格、习惯以及人们潜意识的从众心理、相信经验、照搬教条的思维定式的影响。创新思维正相关因素包括不断学习、勤于思考、善于观察、敢于质疑。创新思维能力又通过发散思维、联想思维、逻辑思维、系统思维的培养和训练来提升。

创新文化中的创新精神、创新思维、创新能力要纳入企业的长期战略目标，再通过将目标分解成中期目标和近期目标进行目标管理。

创新是需要管理的，通过管理把创新转变成个人和组织修炼，把修炼分解成组织创新属性，把一个个创新属性作为专注的对象，用时间和行动把专注培养成习惯，而习惯则可以提升创新力。我们在运营中把创新作为目标管理，把全年称为"创新年"，把创新的相关意识和创新实践发现问题、寻找机遇结合起来，以项目为切入点，弘扬一种精神（例如工匠精神的各个要素），也可以以时间为切入点，十二个月，每月设定一个主题内容，在每一个月反复进行创新修炼中的一个意识和实践，养成一种习惯，实现一种突破。企业坚持持续创新，让好习惯在行为中巩固下来，好的习惯还能影响到更多的好习惯，进而通过创新文化落地构建创新型企业。创新管理还需要建立创新的制度机制，让创新成为制度化、常态化的行为，通过管理和制度让创新文化落地，成为实现企业愿景的最重要的动力。

创新文化要成为看得见、摸得着、有路径、可执行的行动，就要落实在科技创新、管理创新（制度创新）、商业创新层面，以问题为导向、以目标为导向进行计划分解和项目管理，形成企业全面创新的实施规划。

在企业科技、生产、营销三大竞争要素中，创新有不同的侧重点，也有不同的难点，其中生产、营销需要在自身努力的同时，通过向优秀企业学习，引进咨询公司导向来加快实现升级。设计研发更需要企业自身的创新能力。第一，设计研发的创新，包括引进消化吸收中对市场的需求挖掘再创新以及设计、试验、验证过程的管理体系的创新。第二，知识的学习，与产业相关的新的前沿科技知识的学习，与产学研对接的新科技知识的学习，与产业链上下游对接的新技术知识的学习。第三，建立科技人才培养体系，知识管理体系。因此科技创新更需要创新文化、创新精神。

科技创新融入每个企业发展的全过程，科技创新需要企业文化和管理的支撑，没有文化与管理的支撑，科技创新是走不远的。如果没有在发展初期《华为基本法》经营管理大纲和文化持续创新，没有21世纪初华为设计管理、生产制造管理升级，就不可能成就华为的科技创新，所有优秀企业都表现出这种特征。

企业经营必须以市场为导向、以科技为导向，以科技为导向必须服务于以市场为导向，科技的强要表现为市场的强，这是处理好科技与市场关系的经营哲学。2016年华为再次召开誓师大会，动员2000名有15~20年研发经验的高级专家及高级干部奔赴市场，就是对科技的强要表现为市场的强的经营哲学理念的诠释。

5.10 企业文化的宣传路径

企业文化落地有四个层面：一是认识，就是在思想认识上的知道，员工对企业的文化有一个全面充分的认识；二是认知，就是在观念上、思想上的相信，员工随时都受企业文化的影响，员工与企业就企业文化达成了默契；三是认同，就是从意识转为行动，文化理念已成为员工一种潜意识，员工在行为上以企业文化为导向；四是自觉，就是在行为上自觉，成为习惯，企业的价值观成为员工的价值观，企业的文化理念已成为员工的信念，融入员工的行为习惯，员工自觉履行岗位职责。这四个层次有依次递进关系，真正被认为是知行合一的文化落地。

（1）编手册，理念引领。企业文化手册是企业送给入职员工的第一份精神礼物，企业文化手册记载着企业价值观、企业精神、企业经营理念和企业行为规范与准则等，是企业每一个员工所要接纳、认同的一种群体意识。它表达了企业的共同信仰、共同追求、共同约束和统一准则。

（2）办内刊，沟通引领。企业内刊是企业文化重要的传播媒介，是全体员工学习企业文化的重要阵地。内刊有着重要的凝聚功能、导向功能和传播功能。它既要传播企业的价值观、领导的声音和信息，又要反映员工对企业的要求，使多元思想在传播中达成共识。企业内刊是全体员工学习企业文化、了解企业发展、获悉客户需求的多元信息的一个重要来源。在这个阵地上，可以有领导的声音，也要有员工的心声，可以学习，可以讨论，可以倾听，可以共享。在这个文化平台上，要表达企业的平等性、真实性、互动性。企业通过内刊平台使文化理念以潜移默化的方式来影响员工的行为，润育员工的心灵。

企业内刊也是企业对外的窗口，是企业对外形象的真实展示。内刊让外界感知企业的精神、追求、理想、形象，感知企业员工的风貌和精气神，增加外界对企业的认可度、美誉度甚至是忠诚度，因为它能更真实地反映企业的原貌。

（3）推案例，作风引领。企业文化切忌空洞的口号和理论，否则得不到员工认同反而会起到相反作用。口号和理论要落地，要落在大众日常看得见的事与物上。企业可以让员工以身边人、身边事的方式来编写案例，进行宣传，这样的案例是真实的、是具有活力的，因此可信度高，说服力强，容易被员工认同和接受。

对现实的案例不能就案例为案例，不能就事论事，要从案例的现象提升到事情的本质，提高到品格的高度去认识和引领，案例要和企业的价值观、理念、企业精神相融合，这样才能提升案例的教化作用。

案例需要由员工自身去发现、自己去编写，这种发现和编写的过程也是员工自我内化、自我提升的过程。案例需要全体员工的共同参与，正面的、好的案例具有引领作用，负面的案例具有震撼作用，案例必须具有真实性、典型性、时效性。

案例需要员工共同讨论，在讨论中深化理解，正面的案例需要通过一个个事例来固化，负面的案例要通过一个个问题来挖掘问题背后的问题，通过层层提问找到根源，最后一定是指向人，即人的思想和文化层面上的因素。

海尔"毛刺"案例。2000年10月，一位海尔洗衣机用户被洗衣机进水孔处的一个毛刺划伤了小手指而投诉，为此集团内部开始了为期3

个月的、轰轰烈烈的"毛刺事件"大反思、大讨论。讨论的主题是：我们到底哪里有毛刺？我们刺伤的到底是用户的手指还是用户的心？最终，在讨论中提出："物质文化有毛刺，是制度文化出了毛刺；制度文化有毛刺，是观念上有毛刺。"

海尔以"毛刺事件"大讨论为契机，在企业研发、生产、质量、销售、服务、培训、企业文化建设等各个方面进行全面、全员、全流程的反思、整改和提升，从而使小事成大事，坏事变好事。

（4）做培训，教育引领。培训就是讲、听、学习的过程，它是企业文化落地的必要手段。通过培训可以提高员工的认识、启迪员工的思想、规范员工的行为。培训是一个互动的过程，既有正式场合的培训，也有非正式场合的不同形式随时随地的培训。培训有入职培训、岗位培训、专业技能培训、技术人员的技术培训、管理人员的管理培训、有发展潜力的管理干部培训，有的公司每年还公布培训目录，让员工自由选择。

培训是企业以人为本的思想体现，是以人作为最重要资源的价值体现，员工从培训中获得文化理念，获得知识技能，获得在职场中的持续进步和发展空间。

培训是企业知识化的能力，是企业长期积累知识并将分散的隐性的个人知识形成系统的显性的组织知识的一种能力，是企业知识传承最主要的方式。

培训本身就是一种文化体现，又是最好的文化宣传阵地，通过不同形式的培训，使企业理念和文化不断加深，企业无处不在的培训使企业内部形成一个"场"，在这个"场"里面，每个人都能看到希望，看到前景，形成共同做事做人标准，培养人的优秀品格。

（5）做目视，氛围引领。目视管理是企业管理的重要方法，让企业看不到的管理变成看得见的管理，把复杂的管理变成简单而有效的管理。目视管理是以现场文字、图案、颜色等形象又直观的视觉感知信息来组织现场活动和文化展示，从而达到企业管理的一种有效的方法。

通过企业文化、事业部文化、班组文化三个层面建设目视管理，来真正传递文化建设的真实性、广泛性和教育性，形成从上到下深厚的文化氛围。

毛泽东说过，文化思想阵地我们不去占领，敌人就会占领。做目视管理是营造企业文化氛围、占领文化高地的好办法。目视文化建设是一种有效手段，企业可通过目视文化系统，将价值观通过耳濡目染的方法传递给员工，营造良好的企业文化氛围。

（6）搞活动，仪式引领。活动或仪式是企业文化建设载体之一，可以通过重要焦点事件或员工关心的事件，向员工传播理念，让员工理解理念、践行理念。

任正非是搞活动的高手，并能把活动变成运动。华为企业文化理念推进，很大程度上是依靠一个个具体的事件，通过发起运动的方式来实现的，而这些活动还不乏行动激烈的文化运动。

发生在1996年初的华为市场干部集体大辞职事件，就是这样一个十分典型的运动。这次所谓的辞职与通常的辞职不同，既不是因劳资纠纷而产生的"被迫辞职"，也不是因为业绩不佳而引起的"引咎辞职"，而是具有非常强烈的自我批判色彩的文化运动，它规模大、持续时间长，并且要求人人参加，深入人的思想。与大辞职运动同时进行的还有大规模的岗位调整，以及反复、持续出现的集体学习、颁奖典礼、心得交流等活动。

这次辞职运动发起时，华为并没有在市场上遭遇严重的困难，相反，业绩正处在突飞猛进的阶段，但在此时期，骄人的成绩使华为内部产生了消极的文化现象：内部官僚习气日渐沉重，干部能上不能下，工资能涨不能降。集体大辞职的用意，是希望用这种大规模运动的震撼力，让全体人员回到初始状态，唤醒公司上下危机意识和艰苦奋斗的精神。

5.11 中国制造业需要脱胎换骨

两千年封建社会给中国留下以小农经济为主体的农业文明,新中国成立后,中国经济开始进入工业化时代,中国的工业化经济发展的成果给人们带来了不可思议的变化,但工业文明中的工业文化变化是滞后的、缓慢的。中国具有五千年的文明史,是世界历史上唯一没有中断的文明国家,但中国在近代却饱受了外来侵略的屈辱,新中国的成立大大增强了中国人民的自豪感和对自己文化的认同,在这种情况下提出消除在传统文化中不利于现代工业的文化理念,学习西方的制造业文化,可能会有些理解上的阻力。反观我们中国文明在五千年的历史中具有经久不息生命力,就在于中国文化有海纳百川的包容性,能积极吸收各种先进的外来文化,这也是我们文化自信的表现。

《中外管理》杂志的杨沛霆教授认为:"随意文化在中国泛滥,完全背离了建设'先进文化的诉求',其结果是制造出一个落后文化。"随着中国经济的发展,经济转型和改革已到了深水区,落后的制造业文化已越来越阻碍我国经济的发展。思想和文化是根本也是源头,当你播种思想的种子,你就会有行动的收获,当你把行动种下去,你就会有习惯的收获,当你把习惯种下去,你就会有精神的收获,当你把精神种下去,就会决定你的命运,失败的种子收获的一定是失败,成功的种子收获的一定是成功。

文化是起引领作用的，滞后的制造业文化不能根除，只能制造出一个落后的制造系统，落后的制造业文化种子结出的一定是一种落后的经济之果。

"差不多"和"马马虎虎""随便""变通取巧"现象和陋习危害极大。中国企业要达到优秀再迈向卓越，必须要改变不良的文化习俗，从思想源头上、从行为上有一个脱胎换骨的转变。

脱胎换骨，重新做人，指认识自身的缺点，并以此为起点，重塑自己的形象，以全新的积极态度面对生活、工作，指人发生大变化，多指在思想上行为上的巨大改变。

毛泽东的三湾整编，就是对部队中的农民和旧军人通过党的思想和理念进行了脱胎换骨的改造，使部队转变为无产阶级革命化的军队。

中国中车董事长刘化龙，2017年在中国企业创新论坛上讲到，"中车是由传统国有企业脱胎换骨而来的"，中国中车之所以能成为中国的名片，是因为其在企业改革过程中无论从企业高层到班组建设，从企业文化到全体员工的行为习惯，都进行近似半军事化管理。

任正非在华为反复强调：踏踏实实地做事，认认真真地做事。在新员工座谈会上，新员工问："任正非总裁，您对我们新员工最想说的是什么？"任正非回答："自我批判、脱胎换骨、重新做人，做个踏踏实实的人。"

海尔的成功源自到位文化。张瑞敏对于中国人的做事习惯曾做过准确概括，中国人做事不认真、不到位，每天工作欠缺一点，天长日久就成为落后的顽症。为此，海尔提出了OEC管理法。海尔OEC管理法就是以目标为基础的一种抓细节管理模式，即知名的日事日毕、日清日高。每天的工作每天完成，每天的工作要清理并每天有所提高。OEC管理法就是将企业的整体目标细化为部门目标，再分解到个人子目标，并将目标分解到季、月、周和天，从而将企业整体目标分解为全体员工每个个体的具体目标和目标考核体系，来确保实现企业的绩效。

海尔的目标管理、质量管理使平凡的海尔非同寻常，把每一件简单的事情做好，把事做细做精，日事日毕，日清日高，让海尔完成了脱胎换骨的改变。

一个企业的发展，一般都要经历产业升级、管理升级、文化升级的过程，这个过程就是企业脱胎换骨的过程。金方圆也经历了这个过程。

江苏金方圆数控机床有限公司[①]原是扬州锻压机床厂（以下简称"扬锻厂"）的一部分，扬锻厂地处扬州市一个县的下辖集镇，是邗江县属地方国营企业。在20世纪70年代和80年代初，该厂只生产两个型号的小型机械压力机，俗称冲床。这类产品技术含量低、附加值低，产品组成包括铸件、钢件、铜件、油漆、电机电器，通过铸造、锻造、热处理、金加工，再装配成整机，按产品重量来计价，1吨价格只有1万元。企业发展必须有内在动力，当时员工虽然干得很苦很累，但企业没有什么经济效益，想改变这一状况成为企业想变求变的内动力。

（1）依靠科技进步的三个台阶。

科技进步往往是企业求变的第一个选择。在20世纪80年代中期，企业找上了本行业国家级济南铸造锻压研究所，在诚意的打动下，研究所与企业结成了厂所科研生产联合体。由于企业对科技的重视、对科技人员的尊重，在合作中获得了研究所的信任。机会属于有准备的人，80年代末90年代初，研究所把自身多年研发的数控冲床成果转让给了企业。企业获得了历史发展的机遇，走上了依靠科技进步发展的快速道。企业一方面在技术上紧紧依托科研所，又获得了数控激光切割技术，另一方面加快培养自己的人才队伍，企业踏上了依靠科技进步发展的第一个台阶。

90年代中期，国家对机床工业"七所一院"进行向生产型企业转

---

① 江苏金方圆数控机床有限公司于2013年向德国通快集团公司进行了股权转让，2018年成为德国通快集团全资子公司。

型的改革，由此研究所关闭了对外公共服务的大门，所有高技术一律停止对外交流。在这种情况下，企业另寻出路，积极寻求与国外先进企业的合作。通过资金换技术及合资形式引进了更先进的数控冲压技术，并将以技术专业化为导向的冲压技术延伸到以数控板材加工市场专业化为导向的冲压、折弯、剪切、激光切割技术的数控冲床、数控折弯机、剪切机床和数控激光切割机床。通过引进消化吸收再创新，推出了有市场需求且更先进的成套数控板材加工设备，企业踏上了依靠科技发展的第二个台阶。

进入21世纪，企业自身培养的人才成了科技再创新的主力军，先后完成原有数控冲压、折弯、激光切割产品的技术升级，又研发了具有自主知识产权的数控冲剪复合机床、数控冲割（激光）复合机床、数控板材加工柔性制造单元和数控板材加工柔性生产线，形成了从板材进厂自动入库、按指令自动出库加工，完成加工后再自动入库的全过程自动化生产流程。在数控板材加工设备领域内，改制以后的国家级研究所是企业唯一的竞争对手，金方圆也成了国内市场的知名品牌，企业踏上了依靠科技进步发展的第三个台阶。

企业依靠科技进步获得了快速发展，发展又形成了外溢效应，带动了本地区同类企业依靠科技进步的发展，使一个三线城市成为我国数控板材加工设备的产业高地。

企业发展最初的内在动力来自经济效益低下的求变思想，这种思想激发了重视科技创新、尊重科学、尊重人才的文化理念。企业生产的数控冲床面临着在国内市场与国外产品同台竞技的局面，也使企业看到了与国外企业的差距。一种对国家、对民族的历史使命感和社会责任感提升了企业求变的内动力，在这种情况下形成的企业文化，不仅具有经济层面的作用，还具有深刻的使命价值和社会价值。这种内动力能指明企业的前进方向，形成金方圆企业文化建设正确的核心价值观，形成全体员工更能接受的共同愿景，成为员工共同努力的方向和奋斗目标，从而获得了更有效的文化导向。

值得一提的是，当时企业地处三线城市县属的集镇，这样的地理位置很难吸引名牌大学高学历的毕业生。在依靠科技进步早期，企业科技人才主要是电大生和大中专毕业生，这批人员后来成长为企业科技进步的中坚力量，这是不多见的。原因有企业为他们创造再学习、再深造的机会，有企业出题目压担子使他们在实践磨炼中成长，更是在先进制造文化洗礼中更自觉、更努力发挥自身的智力因素和更重视团队力量发挥组织非智力因素的结果，企业新产品研发长期领先于国内其他企业。正如任正非所说的，对人才的管理的能力才是企业的核心竞争力。

（2）以质量、效率、效益为核心的管理升级的三个阶段。

企业虽然生产了数控机床，但在产品质量和企业管理上与国外先进企业相去甚远，经过深度思考，企业提出第二次创业，即历史上企业从生产普通机床向生产数控机床转型是第一次创业，现在企业向质量要效益，向管理要效益，把日本 AMADA 公司作为追赶目标为第二次创业。

第一个阶段是全面提高产品质量。企业经历了从生产普通冲床到多品种数控单机、复合机、柔性制造单元和柔性生产线的过程，不仅仅是单纯的技术转型，更是管理转型和文化转型的过程。普通冲床速度慢、动作单一、结构简单，因此产品故障率并不高。数控冲床与普通冲床相比，在功能和结构上发生了巨大变化，其特征是高速、高精度、高动态响应。在企业新产品试制成功量产后，产品质量的可靠性矛盾开始显现，产品前期故障率明显上升。其表现的特征是故障点的不确定性，即机床在同一个用户使用的不同阶段，以及不同用户使用的过程中都不断出现故障，而故障状态各不相同，无规律可循。企业虽然也通过了ISO9000 系列质量管理认证，也强调严格执行工艺纪律，但和国外先进同行相比，产品可靠性成了最大的弱项，这也是国内机床的通病。"可靠性"问题逼企业反思：问题出在哪里？同样是制造业，国内的汽车和家电的可靠性远远高于机床产品，在自问和反思中企业感悟到汽车和家电行业有一整套严格的可靠性设计标准控制和制造过程控制，把细节做到极致是产品可靠性的关键。同时也看到机床行业和汽车、家电行业的差异性，汽车、家电行业是大市场、大企业，具有大批大量生产的产业特征，而机床工业是小市场和相对而言的小企业，具有小批量多品种生产的产业特征，这表明机床工业在设计和制造过程的学习曲线对人员的要求更高。为此，企业对制造过程做出了三个决定：第一，提高员工技能素质。企业和本地技师学院联合办班，一线员工全部参加技能升级培训，又请扬州大学办专业班，科研人员参加再学习、学历升级，并制定了奖惩激励政策。实践证明，具有较丰富的实践知识，理论上再深化学习能获得一种质的提升。第二，过程控制。企业先从装配入手制定过程作业指导书，从细节和过程标准抓产品可靠性。企业成立了作业指导书编制小组，通过多月努力完成了装配过程作业指导书文件，但在推行过程中失败了，主要问题是指导文件以文字为主，实施前没有进行很好的员工培训，文字说明的歧义性使指导书失去了作用。第二次，对作业指导书编写进行了彻底改进，学习日本企业的以可视图像为主，辅以简单文字说明，在推行前进行了培训，但在实施过程中遇到了阻力，阻力来自员工。对于各道工序的细节，各人都有自己所谓的正确方法，并不认为作业指导书是唯一正确的，推行过程还是失败了。推行过程的屡战屡败，没有动摇公司的决心，公司在总结经验教训的基础上，让员工共同参与、反复讨论、现场验证，形成有权威的作业指导书。为确保作业指导书成功落地，企业在全公司晨会上正式宣布，装配员工全体下岗，接受岗位作业指导书培训，实行理论考试和实践考核，属优秀者方能取得上岗证书，非优秀者等同于不及格。理论考试作弊立即取消考试资格，按不及格处理，不及格只能补考一次，再不及格调离岗位、工资降级，如不服从则解除劳动合同。走到这一步企业没有退路，员工也没有退路。企业主要领导在理论考试过程中到现场巡视检查，确保过程的严肃性，同时还参与具有典型性的实践考核，掌握真实考核情况，发现和总结考核中存在的问题以再改进、再提升。之后，企业在全公司晨会上举行了装配员工上岗获证仪式，装配过程作业指导书得以实施。同时公司宣布将制造过程作业指导书复制推广到机械加工、油漆、焊接和各道辅助工序，包括发货、用户安装调试的全过程。企业用了三年时间，迈出了生产制造过程控制的关键一步。第三，强调 PDCA 循环。准确把控用户现场质量问题和实施全面质量信息反馈，建立问题分析细分标准和质量反馈统计软件。一切以数据说话，持续改进质量，持续跟踪故障频次，在质量改善上下功夫。全面质量过程控制和持续质量改进，让企业产品质量明显提升，在用户和同行业中都赢得了口碑。

企业在制造过程控制获得成效后，又转入到设计过程控制。企业和各事业部技术负责人把每周六作为学习日，对柴邦衡、陈卫编撰的《设计控制》反复学习、反复讨论，对设计开发输入方案设计、技术设计、工作图设计控制及评审，使设计开发输出、组织和技术接口、验证，以及新产品试制过程的关键节点都形成状态控制管理，形成符合金方圆公司的设计控制文件和试制过程控制文件，形成完整的设计过程和试制过程的质量控制，从设计源头提升产品质量可靠性。每周星期六上午成为科技部门学习、培训、案例分析和相互交流的时间。

第二个阶段是全面推进六西格玛活动。六西格玛概念是作为品质管理提升的方法出现的，以在生产制造过程中降低产品及流程的缺陷次数作为衡量标准，后来演变成一种提高客户满意程度，针对公司全方位经营改进绩效的方法和管理模式。六西格玛管理是一种主动管理方法，以问题为导向，以目标为导向，以绩效为导向，并以企业领导和管理层推进作保障，由有问题部门经理或员工牵头，所有相关的其他部门人员共同参与管理改进项目。

金方圆推进六西格玛活动是以主要领导自学并对中层以上干部授课开始的，在六西格玛项目正式推行时，公司领导和全体中层干部进行了宣誓，通过宣誓表示对企业管理升级的态度和不留后路的决心，也起到了振奋和激励人心的作用，为项目全面铺开和持续推进开了好局。在项目实施中，企业领导每人都承担几个项目保证责任，参加到具体项目的推进过程。项目推进前后问题和效果都以事实和数据为依据，建立标准运作模式，参与人员均要进行培训，项目结项和成果评价评比均按PPT展开严格评审，项目的实施过程和成果，企业都给予资金、物质和精神上的支持和鼓励。

六西格玛持续推进并逐步扩大项目范围，从质量改进扩大到管理升级，公司将这种主动管理方式和TQC全面质量管理、精益生产管理、计划管理、营销服务管理、企业文化管理等结合起来，作为项目来推进。这样就形成了既有企业层面的系统的长期项目，也有针对具体问题的短期项目；既有公司层面的项目，又有事业部层面、班组层面的项目。总之，针对企业所存在的问题发动全体员工，形成人人参与的项目运动。

第三个阶段是全面推进精益生产。推进全面质量管理和六西格玛管理的动力来自客户，而推进精益生产的动力来自内在力求减少浪费、追求效益的自我革新。自我革新是精益生产的核心思想，是在没有浪费的环境中提高质量，是降低成本和加快交付高质量的产品的保证。企业以咨询公司为引导人，以公司最高主管为实施者，所有中层及以上主管、项目成员及相关模块一线员工共同参与，实施全员参与、职责明确、以结果为导向的奖惩机制。好的咨询公司非常重要，但企业更明白咨询公司只能是发现问题，提出解决的路径，不能决定结果，咨询的建议不能替代执行。精益生产的过程是提倡自我革新，自我革新是一种思想，更是一种精神。企业把精益革新作为口号，各个事业部建立精益革新团队，一切活动冠以精益革新的称谓，以革新的精神推动精益生产活动。企业将精益活动和六西格玛活动结合起来，充分发挥员工的主观能动性。通过精益生产推进，企业一台千万元设备的开动率从原来的45%

提升到70%。由于采用流水作业总装方式，从主机身进入装配车间总装场地到整机装配结束，不包括出厂前性能试验时间，数控折弯机从19天缩减至4天，数控冲床从37天缩减至6天，整个企业的资金周转率大幅提高，库存减少，企业可用生产场地增加。在和咨询公司签订的合同结束后，企业精益革新团队继续实施工序强化，不断进行自我革新、找出新问题，不断提高效率、减少浪费，通过相互学习寻找最佳工作方式，推动了精益生产持续深化。

在管理升级过程中，我们首先体会到的是文化冲突。制造过程作业指导书的屡战屡败，深层次原因是中国传统文化中的"差不多"和"马马虎虎"现象、"随便"和"取巧"陋习根深蒂固，与现代制造业过程执行的严谨细节精神存在对抗性，这种冲突又具有普遍性，不仅表现在执行过程中，还表现在创新过程中。好的作业指导书的编制和落地过程往往追求完美，需要执着和专注，需要注重细节，需要严谨和一丝不苟，而这个过程更是培养工匠精神，使工匠精神得以落地的过程。

过程管理是一种执行文化，具有被动性的文化特征。六西格玛管理和精益生产倡导真正关注客户，拓展全方位视野，以数据和事实驱动，无边界合作，其思想本身就包含深刻的经营性文化思维，倡导以问题为导向，以目标为导向，以绩效为导向，更具有管理性文化思维。要求全员参与，不断改进追求卓越，更具有自我革新的创新文化思维。

制造过程质量控制、六西格玛管理、精益生产使企业存在的质量"黑箱"、效率"黑箱"、效益"黑箱"被打开，使企业质量、效率和效益得到实质性的提升。

企业发展以大愿景来鼓励人，但对一个普通员工缺乏吸引力，愿景如何和实践联系起来？让愿景变成由员工为主参与的可以争取实现的近期一个个小目标不失为一种好方法。这种带有发挥员工主观能动性的项目不断实施，文化效应就慢慢显示出来。通过全面系统的项目实施，企业管理氛围开始浓厚起来，管理方式开始升级，企业精神面貌开始改变。员工全体参与，使员工创造性得到了充分的发挥，员工自身价值得到了认可，员工的主人翁精神得以体现，企业从上到下都动起来了，企业内生动力也被激发出来了。随着项目的推进，企业的知识得以流动和融合，员工思考问题的方法、解决问题的能力、整体素质素养都得以提升，工匠精神得以落地，这种变化极其宝贵。

(3) 以改革、改制、文化改造为核心的企业文化落地。

①改革。20世纪90年代早期，企业获得济南铸锻研究所数控冲床的成果转让，并在研究所的帮助下研制成功且开始量产。由于有好的产品，原机械部机床司领导来厂考察，看了企业生产厂房、设备后关切地说："这个企业破破烂烂，争取给予国家的技术改造项目。"在各方支持下，企业获得了项目资金，下一步怎么办？当时企业存在吃大锅饭的不良风气，极少数员工劳动纪律涣散，影响极坏。企业清楚有了好的技术而没有好的质量，等于手捧金饭碗（技术）要饭。为了争取获得一个比较好的发展环境，企业决定跳出原企业到市开发区另外建立"特区"开展技术改造项目。建"特区"的优势是从地处偏远的集镇搬到市开发区，同时企业给了去"特区"的员工每人加一级工资的待遇，置换的条件是"特区"按民营企业机制运行。任何人去"特区"都不能作为企业的内部调动，所去员工都必须自行打报告，每人签订新的劳动合同，做到人员能进能出、职务能上能下。制造业最重要的是"规矩"，没有规矩不成方圆，因此企业把"特区"的名称改成了金方圆，这就是金方圆数控公司的来历。

②改制。2000年由县政府主导进行了国退民进的股份制改革，金方圆国有股份退出留至20%，2003年国有股份全部退出。企业抓住国有股份退出的时机，进行了员工国有身份向民营身份的转换。企业召开了全员身份置换大会，一方面对身份置换给予经济补偿，彻底向昨天告别，另一方面宣传改制的目的和意义，阐述市场经济与企业和员工切身利益的关系，把企业在市场竞争中的危机意识通过改制传递给员工个

人,让员工树立起职业危机意识,强调个人与企业共荣共损关系。

企业在发展过程中跳出原企业建立的"特区",对员工进行身份置换,从表层看是体制、机制改革,从深层看,这种改革改制只是运用了当时的环境氛围向有利于建立先进制造业文化的方向转型。只有先进制造业文化才能建立先进的企业制度,发挥制度的导向作用、约束作用和激励作用。

③文化改造。新企业成立以后,企业首先从文化入手,提出"惠泽社会、产业报国"的宗旨,用对国家的情怀和历史责任来凝聚全体员工。提出"规矩、和谐、突破、卓越"的企业精神,在科技创新和制造过程控制、六西格玛管理、精益生产管理升级过程中不断将"规矩、和谐、突破、卓越"理念细化、深化,把"精神"变成了可理解、能感知、可执行的行动,从而达到企业文化的深化和落地。企业在实战过程中通过思考、总结,形成了自身的战略定位和企业愿景:"在数控板材加工设备领域内做强做长做大,长期坚持、始终关注竞争焦点,突出市场先导和科技先导,着力建设核心竞争力,做国内最好、国际一流,通过持续不懈努力,创百年企业。"2005年,企业获得了"中国名牌"的荣誉称号,举行了"中国名牌"升国旗仪式。通过升国旗,把企业信誉提高到民族的高度,激发全体员工追赶和超越国外同行的思想意识,把荣誉变成行动的起点和动力。

企业在成长过程中,创作了"金方圆之歌",把每年年终的文艺晚会改为每年企业成立之日的"金方圆之歌"文艺晚会,把"金方圆之歌"的内容作为文艺晚会的主旋律:

> 中华天地金方圆,年轻的我们阔步向前。
> 惠泽社会,火炬点燃;产业报国,重任在肩。
> 铁打的规矩,永恒的和谐,不懈的突破,卓越的奉献。
> 啦……啦……
> 机床高奏创业者的凯歌,荧屏演示新思维的灵感。

> 生命就是搏击的进程,我们向一切不可能挑战!
> 四海扬名金方圆,年轻的我们拥有明天。
> 放眼世界,瞄准尖端;把握机遇,奋勇争先。
> 铁打的规矩,永恒的和谐,不懈的突破,卓越的奉献。
> 啦……啦……
> 厂旗树起国际品牌的追求,公司建成最可爱的家园。
> 负重腾飞民族的信念,我们向一切不可能挑战!

每次"金方圆之歌"文艺晚会,台上台下共同演唱金方圆之歌,整齐、激昂的歌声,使每个员工参与这个事业的自豪感油然而生。员工的舞蹈和歌声充满着生命的活力,员工用自编自演的诗朗诵、快板、三句半、小品的形式,用最朴素的语言、最打动人心的情感,使金方圆"惠泽社会、产业报国"的宗旨和"规矩、和谐、突破、卓越"的精神缓缓流入员工的心田,用文化的感召力把全体员工紧紧凝聚在一起。

企业注重将公司建成全体员工的共赢平台,在多次晨会上强调客户第一、员工第二、股东第三的理念,阐明企业不只是工厂,更应该是学校,阐明金方圆最宝贵的财富不是厂房、土地、设备,而是人,是企业的全体员工。为此,企业专门为科技、营销、一线骨干员工扩股,另外对科技人员给予干股,给予岗位津贴,多年持续为员工增加工资和福利。

企业不只注重具有文化内涵的宣誓仪式、升旗仪式,在实践中将文化活动从公司层面下沉到事业部层面,更注重下沉到班组层面的文化建设,特别注重由班组长带领全体班组员工办好班组园地文化,把企业文化理念、企业经营管理活动和员工身边人身边事有机联系起来,让员工讲员工的故事,把点点滴滴的好人好事提高到品格的高度来宣传。在文化落地过程中,将规矩文化向品格文化提升,将和谐文化向团队文化提升,将突破文化向自我革新提升,使追求卓越成为一种思想、成为一种行动。在和员工的交流中,员工普遍反映,在金方圆,不只是收入的增加，更能学到东西，提升理念和能力。

　　中国的每一个优秀企业一开始都是一个极为普通的企业，在成立之初及发展过程中，新进入的员工和其他企业普通员工都是一样的，都带着各自的社会文化的烙印。优秀企业和一般普通企业在成长过程中选择了两条不同的道路，优秀企业大都选择了一条以先进文化来引领，改变人的原有思想、原有习惯、原有行为，建立起先进的价值观、理念和共同行为方式的脱胎换骨之路。脱胎换骨、企业文化再造是企业走向优秀的必由之路。

先进制造业文化
中国制造业转型升级的必由之路

6 中国需要企业家经济

纵观整个历史的繁荣过程,发达国家兴起最重要的一个驱动力,源于社会出现广泛的自主创新,自主创新的背后是企业家群体的崛起而形成的真正的企业家经济。大众创业、万众创新,促使企业家群体成长,对中国经济发展有着十分重要的意义。

6.1 有效市场中的有为政府

党的十九大报告明确了"三步走"发展战略基础上的"三阶段"战略部署。2020年全面建成小康社会是我们的近期目标，2035年基本实现现代化是中期目标，到2050年全面建成现代化强国就是我们的远期目标，到那时，我国经济实力、科技实力、综合国力将大幅跃升，并将跻身创新型国家前列。

6.1.1 政治家经济

一个国家的经济发展取决于多重因素，首先是政治家对经济的影响。

1978年召开的党的十一届三中全会做出把党和国家工作重心转移到社会主义现代化建设上来的战略决策，确定以经济建设为中心，实行改革开放，以中国经济发展为中心推动思想的大解放。

1993年，党的十四届三中全会通过了《中共中央关于建立社会主义市场经济体制若干问题的决定》，对社会主义计划经济转变为市场经济体制进行了总体规划，在现代企业制度建设上确立了以市场经济为基础，以企业法人制度为主体，以公司制度为核心，以产权清晰、权责明确、政企分开、管理科学为条件的新型企业制度。从此中国企业的经营者以企业家的身份登上了中国经济发展的舞台。

1997年党的十五大提出，公有制实现形式可以而且应当多样化，一切反映社会化生产规律的经营方式和组织形式都可以大胆利用。对于股份制，资本主义可以用，社会主义也可以用，即股份制是所有制的一种实现形式，既不姓"社"也不姓"资"。

2001年底，在中国政府多年的努力下，中国终于成功加入世界贸易组织（WTO），为中国经济参与国际经济合作和国际分工、中国企业在平等条件下参与国际竞争铺平了道路，中国进一步抓住了经济全球化的机遇。

2008年国际金融危机爆发，我国政府采取积极的应对策略，很快消除了金融危机对我国企业的影响，经济率先恢复，中国经济成为全球经济的引擎。

2013年党的十八届三中全会通过了《中共中央关于全面深化改革若干重大问题的决定》，明确了全面深化改革的五大体制改革，包括经济体制、政治体制、文化体制、社会体制、生态文明体制。提出"经济体制改革是全面深化改革的重点。其核心问题是如何处理好政府和市场的关系，使市场在资源配置中起决定性作用和更好地发挥政府作用"；提出"公有制为主体，多种所有制经济共同发展是基本经济制度，是中国特色社会主义制度的重要支柱，也是社会主义市场经济体制的根基"。

政治家经济，以国家振兴为基础，建立强大的国家观念，动员社会力量，限制和打碎抑制创新和社会发展的分利集团，让社会流动性和活力增强，培育创新的土壤，促进有利于创新发展的文化建设，建立健全市场机制，促进工商业的良性竞争和发展，确保企业生存和发展空间，同时细心培育和保护幼稚工业，鼓励企业对外拓展市场，并提供产业保护。政治家经济是中国经济发展的最重要因素。

6.1.2 政治家与企业家

2017年9月，中共中央、国务院发布了《关于营造企业家健康成长环境弘扬优秀企业家精神更好发挥企业家作用的意见》（以下简称

《意见》），这是中央首次以专门文件明确企业家精神的地位和价值，对中国企业家在改革开放以后做出的重要贡献给予了充分的肯定，提出弘扬优秀企业家精神，更好发挥企业家作用，对实现经济社会持续健康发展具有重要意义。

《意见》中特别提出了营造鼓励创新、宽容失败的文化和社会氛围，对企业家合法经营中出现的失败给予更多理解、宽容、帮助，这是中央对企业家精神和企业家经济的担当、负责、撑腰，这些表述鼓舞人心。《意见》提出弘扬三个企业家精神，即弘扬企业家爱国敬业、遵纪守法、艰苦奋斗的精神；弘扬企业家创新发展、专注品质、追求卓越的精神；弘扬企业家履行责任、敢于担当、服务社会的精神。对企业家精神提出了要求和方向，并且表达了鼓励企业家创新和约束企业家违规必须同时进行，尊重市场规律与更好发挥政府作用必须同时进行。

一个国家的经济首先取决于一个有为的政府，还需要政治家、科学家、企业家、经济学家以及全体公民的共同努力。一个国家的经济分为宏观经济、中观经济和微观经济。宏观是研究经济活动的总体，微观是研究经济活动中单个经济主体的经济行为。宏观经济是微观经济的外因，经济运行的质量将由无数个微观经济个体质量的总和决定。因此，在良好的宏观经济环境下研究企业、企业家和企业家精神组成的企业家经济将直接关系到我国2050年全面建成现代化国家战略的实现。

从一定意义上说，企业强则国家强。国家之间的竞争，也是企业、企业家之间的竞争。企业家的命运就是国家的命运。因此，营造企业家健康成长环境，弘扬优秀企业家精神，更好发挥企业家作用，在中国改革开放经济转型的关键时刻，对深化供给侧结构性改革、激发市场活力、实现经济持续健康发展具有重大意义。

6.2　企业家经济

政治家和政府创造宏观经济的活动环境,至于市场千千万万家微观企业从无到有,从小到大,并成为市场经济中的佼佼者,就需要成千上万的企业家。

6.2.1　企业家与创新

什么样的人才能被称为企业家?这个问题在历史上很久都没有令人满意的答案,法国、英国等国家的经济学研究者都有各自不同的解释。经济学家约瑟夫·熊彼特 1911 年在《经济发展理论》一书中首次突出了企业家的创新性,他提出,企业家就是"经济发展的带头人",是"实现生产要素的重新组合"的创新者。熊彼特赋予企业家推动经济发展的主体地位,提出企业家的核心职能是不断实现创新,企业家精神的核心是创新,是进行创新性破坏,重新组合生产要素,重建生产体系。他对创新有过一句名言,"做新的工作,或以新的方法做旧的工作"。企业家会表现出对理想的坚定信心,表现出一种不畏艰险、勇往直前的信念。

企业家不直接从事技术创新,但企业家是技术创新的决策者和管理者、提高企业组织效率和质量的运筹者、将技术创新转化为商品的完成者。企业家必须学习如何进行系统化的创新。

现代管理学之父彼得·德鲁克认为企业家（或企业家精神）表现在：第一，能够"大幅度提高资源的产出"，"它们创造出新颖而与众不同的东西，改变价值观"，创新活动赋予资源一种新的能力；第二，"通过改变产品和服务为客户提供价值和满意度"，开创新市场和新的客户群；第三，通过"七个方面"的来源，包括科学和非科学的新知识，在变化中寻找机遇。德鲁克认为：从变化中寻找机遇进行创新，系统的创新存在于有目的、有组织地寻找变化中，存在于对这些变化本身可提供的经济或社会创新的机遇进行系统的分析中。德鲁克把企业家和企业家精神放在一起思考，即只有具备了企业家精神才能具备企业家资格。

企业家创新意识一般与企业家人格特征有关，与其成长的历史经历有关，与企业家创新能力有关。从实践情况看，从技术岗位和销售岗位上升到企业CEO岗位的企业家一般更具有创新意识。

企业家处于企业领导班子的核心地位。企业家创新能力、创新行为在很大程度上影响企业核心团队以及各个层面的创新意识和创新行为。企业家创新意识的传导机制往往蕴含在企业家创新行为中，通过企业文化建设影响组织的创新，是实现组织成员的知识和能力共享并最终影响企业创新能力的关键所在。

提高企业竞争力的关键在于发挥企业家的创新意识和能力，只有不断用新的思想、新的知识发展新的工作方法来替代原有的做法，才能保持企业各个层面的创新动力和活力。只有企业家具有创造性破坏意识，不甘心满足现状，不断追求发展变化，打破旧的框框，才能激发企业的创新意识。企业家正是由于具有创新精神，才能在经营活动中不断去实现创新，从而推动企业不断发展。

有一些例子。一对夫妇在美国某市郊开了一家熟食店，他们是企业家吗？他们所做的事情只是千万企业重复了多次的老套路而已，他们创办的是新企业，他们算不上企业家。然而，这家叫麦当劳的企业所表现出来的却是企业家精神。确切地说，麦当劳并没有发明任何新的东西。但是凭借着应用管理概念和技巧，他们将"产品"标准化了，设计了创作流程和工具，并基于工作分析设定标准，根据标准培训人员。麦当劳不仅大幅提高了资源的产出，而且开创了新市场，发展了新顾客。这就是企业家精神，这种精神也成就了一位新的企业家。

将卡车车身从轮子上卸下来，放置于货轮船上的想法没有包含多少新的技术。集装箱这个"创新"并不源于科技，而是来自尽量缩短货轮在港口停泊的时间，但这项平凡的创新却意义非凡。在集装箱普及之前，大部分货物都是零散地用人工从船上装货、卸货，即使使用更多的叉车和机械装置，其工伤率也是建筑工人的 3 倍，现在几乎为零，并使港口工人数量大幅减少。集装箱使用之前，货轮的装卸费用为每吨约 5.83 美元，使用集装箱之后，每吨装卸费用降到了 15.8 美分。集装箱减少了货物的损坏和偷窃，保险费下降 80% 以上。使用集装箱之前，货船 50% 的时间都停靠在港口，只有一半时间在海上航行，使用了集装箱之后，货船 90% 的时间在海上航行。由于集装箱可以叠放，货船的运载能力大约提高了 4 倍。集装箱的普及大大推动了经济全球化。最先进的青岛自动化集装箱码头、上海洋山港自动化集装箱码头就是建立在集装箱基础上的。集装箱运营改变了整个运输生态系统，其中包括卡车和火车的运营。

在 20 世纪七八十年代，日本一跃成为超级经济强国，成为国际市场中最难对付的竞争对手，但日本当时还是一直受到西方人的低估。造成这种现象的最主要原因，可能是人们普遍认为创新必须以科技为基础。于是，日本人被公认为并非创新者，而是模仿者。因为就整体而言，日本并没有产生令人瞩目的技术或科学创新。但是日本企业对产品引进并改造，对技术模仿再加以创新，结果取得了举世瞩目的成就。这种政策即使在现在依然很有竞争力。日本的成功源于社会创新，源于管理和文化的创新。历史表明，这种创新具有巨大的社会创新能力，也可认为是超凡的企业战略能力。

6.2.2 企业家与企业

企业家（或企业家精神）与企业的规模、新老企业、企业的性质及所有权无关，无论是大企业还是小企业、新企业还是老企业、高科技企业还是无研发的非科技型企业、国有企业还是民营企业，其企业所有者或职业经理人，都可以成为企业家并具备企业家精神。

企业规模、性质及所有权并不是创新与企业家精神的障碍，成功的创新者往往都是从小规模的创新开始的，而且还是从简单的创新开始的。反而一些大企业在其领域是成功的创新者和企业家，而在新领域创新往往一败涂地，企业已取得的成功往往是创新的阻力。心理学认为，定式思维可以理解为过去的思维对当前思维的影响。定式思维有很强的稳固性，长久支配人们的思维过程、认知态度和实践行为。大企业的成功过程会形成一种思维习惯或者叫思维定式，人的思维一旦形成了定式，就很难创新。在当今这个剧变的时代，唯一不变的是"变"。一旦一个企业或产业开始沉迷于过去的成就，它就很难再辉煌，有些企业表面看似"健康"，但行家却能从中看出衰退的迹象。

企业家精神和创新不是与生俱来、自然发生的，首先需要有强烈的创新意识，并把这种意识转换为机遇的窗口，抓住机遇并踏踏实实地工作，任何企业都可以获得创新和企业家精神，但需要奋斗和努力；其次必须建立起内部学习机制，形成学习型企业，建立学习团队，形成创新的氛围；最后企业家管理要求通过组织意识、组织机制和组织学习形成创新的组织文化，通过创新文化进一步促进创新和企业家精神。

德鲁克指出，创新意识首先要"制定一个系统的放弃政策"。这种政策我们可以称之为空杯心态。空杯的心态就是归零、谦虚的心态，只有持空杯心态才能盛更多的"水"。有一次，有位企业家到寺庙见方丈，请教企业发展之道。坐下后方丈给企业家沏茶，企业家看到杯子水满外溢，急忙说：满了，满了。方丈说：杯里的水出不来，外面的水就进不去，企业家顿时醒悟。

海尔集团首席执行官张瑞敏说："我们主张产品零库存，同样主张成功零库存。只有把成功忘掉，才能面对新的挑战。"他时时向员工灌输危机意识，要求大家面对成功始终保持一种如履薄冰的谨慎。正因如此，才有了海尔产品的不断创新与进步。空杯心态，其实就是一种虚怀若谷的精神。

德鲁克指出，创新意识要"渴望新事物"。这种意识我们可理解为积极心态。只有保持积极心态才能渴望新事物，唤醒人们潜在的创新意识，只有保持积极心态的人才能够不断自我激励，始终向着更高的目标前进。拥有这种心态的企业，才能对其产品、市场、顾客、技术深入了解，寻找问题和机遇，进行系统的改变，并且能持之以恒，不断努力，获得创新的机遇和创新之果。

德鲁克在企业家实践中提出培养企业家精神还需要管理，企业管理层应将目光放在寻找机会上，使整个管理层养成一种寻求机遇的习惯。企业通过创新文化导向和制度导向，把潜意识的、个体的创新精神变成显性的、组织的创新精神，让创新属性成为组织专注的对象，把创新理论和实践相结合，培养和建设具有创新精神、创新意识、创新思维的创新型企业。

6.2.3　企业家与经济

德鲁克在《创新与企业家精神》一书中描述：美国的经济发展是很独特的，其他国家还从未出现过类似情况。在1970—1984年，西欧实际上丧失了三四百万个就业机会。在1970年时，西欧比美国还多出2000万个就业机会，而到了1984年，却比美国少了将近1000万个就业机会。就连日本在创造就业机会方面也远不如美国。1970—1982年这

12年间，日本就业机会只增长了10%，还不及美国同期增长率的一半。

为什么美国会出现这样的现象？我们都会联想到高科技，但是，自1965年以来，美国经济所提供的4000多万个工作岗位中，高科技企业所提供的岗位只有五六百万个，其余的就业岗位其实都是由其他领域创造出来的。在美国经济所创造出来的新工作岗位中，由高科技提供的岗位恐怕不会超过1/6。事实上，若只就高科技在美国经济中创新就业而论，美国经济恐怕将长期面临停滞的状态了。

纵观整个历史的繁荣进程，西方发达国家最重要的一个驱动力量，源于社会出现广泛的自主创新，自主创新的背后是企业家群体崛起而形成的真正的企业家经济。

中国是一个世界大国，在70年来的政治、科技、经济、文化崛起过程中，一直受到西方国家的围堵，特别是在高科技方面。因此，中国首先必须发展高科技和军事力量，使中国获得稳定的发展环境。其次必须提高就业率。中国是拥有14亿人口的大国，就业是民生之本，关系到劳动者的劳动收益，关系到社会生产的全面发展，关系到国家的社会稳定。

中国改革开放使人们的收入水平大幅提高，透过现象我们可以知道，是改革开放壮大了中国国有企业，并造就了无数的民营企业，以及这些企业后面的企业家和企业家群体，并形成具有中国特色的企业家精神和企业家经济。

企业家经济的出现不仅是一个经济和技术问题，更是一个文化问题。文化体现了社会的整体行为方式。歧视女性的文化会使一半的人力资本不能充分发挥作用；醉心于享乐的社会，经济会停滞不前；崇尚暴力的社会，经济发展的稳定根基难以建立；崇尚金钱的社会，其贫富差距会越来越大。技术和资本流动相对迅速，而出于复杂的原因，文化变迁会显得非常迟缓。因此重视文化在经济发展中的作用，通过创新文化的注入和传播，使打工经济向创新经济变迁，形成大众创业、万众创新的生动局面，促进企业家群体成长，形成区域经济的集聚效应。企业家对经济发展有着十分重要的意义。

6.2.4　企业家的人格品质

不是所有企业的经营管理者都能称为企业家，这是因为：第一，行为上的差别，企业家以系统创新为目的，为社会提供物质财富；第二，企业家以事业为目的，为社会持续提供优质产品和服务，从而获得利益的回报来持续经营。而一般企业的经营者以盈利为目的，希望能够持续经营，两者持续经营的目的不同，表现出的精神境界不同，企业家更具有历史使命感和社会责任感，更具有进取精神、创新精神、奉献精神。

一般来说，企业文化就是企业家和创业人的某种人格映射，企业家的创业意识、经营思想、管理风格、工作作风及个人品格、毅力、胆识和魅力都会影响企业文化，企业文化的生成和发展环境都和企业家个人阅历、格局相关，企业家对企业高层管理者的观念和行为都发挥着十分重要的作用。优秀企业家是企业持续辉煌重要力量的源泉，他们既是企业文化价值观的创立者，又是企业文化的示范者，为此他们必须言行一致，为实现卓越目标几十年如一日地工作，利用一切机会向所有员工传播企业的价值观。这样的企业家和一般的企业经营者是不同的，他们以自己的行为和语言搅动了员工的情感世界。

由于企业家在企业中的核心地位，其必须具有良好职业素质和能力，这些素质和能力包括：

（1）道德和社会责任感。道德和社会责任感首先来源于家国情怀，包括对国家、对民族的深刻理解。家国情怀能使人始终保持进取精神和奋斗精神，是企业家的价值观基础。惠泽社会、产业报国是凝聚团队的最大精神力量，道德和社会责任感是企业家和一般企业经营者的最大区别所在。在重大经营决策面前，在名誉和利益面前，企业家会做到"无我"，只有在"无我"的状态下才能做出最正确的战略决策，企业是第一位的,所有利益相关方的成功都来自企业的成功。

(2) 眼光向前的素养。没有远虑,必有近忧,企业家不仅要着眼于企业的"今天",更应该紧盯企业的"明天",要按企业未来发展要求做出战略决策,注意竞争格局,经常分析竞争对手,透彻了解市场和客户的需求,努力把握行业、产品的技术发展方向。当企业家对未来有了科学的判断之后,还要迅速将判断转化为行动,即采取"领先一步"的做法及早获取竞争优势,"领先一步"是企业长期保持竞争优势的关键,远见才能出卓识。

(3) 开拓进取、锐意创新的品格。毛泽东在《新民主主义论》中就提出不破不立,欲立必先除旧。不破不立,"破"就是要解放思想,而"立"就是创新发展。企业家永远不会满足于企业现状,始终保持与时俱进。同时企业家还要善于学习、精于学习,从学习中获得新思想、新思维,从而发现企业的差距和存在的问题,以问题导向、目标导向、绩效导向,推动企业改革进取,从而追求卓越。追求百年企业是企业家的目标。企业家敢于担当,敢于承担风险,敢于做难事,敢于做一般人不敢做的事,因为难事后面必有所得,难事后面隐藏着机会。

(4) 团队精神。失败的团队没有成功者,成功的团队没有失败者。企业家意识就是通过提升个人与团队成功所必备的学习力、创新力、凝聚力、执行力、激励力、领导力,最后熔炼成一支自我管理型团队。团队是个人力量的源泉,团队的力量是无穷的。优秀的企业文化是团队精神的源泉,企业家要能够做到尊重别人,胸襟开阔、善于沟通、善于倾听、善于控制情绪、拥有高情商是优秀企业家的必备素养。

6.2.5 中国企业家代表

华为是中国企业的一面旗帜,任正非是企业家精神的代表。

(1) 家国情怀。任正非常说,"振兴通信,中华有为",我们这代人总有挥之不去的忧患意识,这与我们国家、民族所经历的多难有密切关系，民族振兴是我们这代人刻骨铭心的梦想。《华为基本法》中指出："爱祖国、爱人民、爱事业和爱生活是我们凝聚力的源泉。"任正非把公司存在的价值与民族使命紧密联系到一起。

（2）开拓进取精神。1994年，任正非在员工内部讲话时说道："十年后，全球通信行业三分天下，华为占其一。"任正非凭什么能说这个话？当时华为的技术、管理、资本与行业巨头相差太远，当年华为的员工也不会相信。任正非的这番话，反映出一个企业家的开拓进取精神、一个砥砺奋进的目标、一种企业家内心的直觉和勇气，这是华为成功的核心元素。任正非所有的开拓进取、锐意创新都不是盲目的，而是经过深思熟虑的，既有激励的行动，也有细致周全的配套措施并持之以恒。任正非既是一个有强烈使命感的冒险家，也是一个能深刻了解现实的务实主义者。

（3）以奋斗者为本。在华为要想成为干部，特别是正职干部，一定要在一线实战中锻炼过，并能做到轮岗，能上能下，能进能出。华为要求以业绩说话，只有绩效排名在前25%的人才可以被选拔为干部。华为的文化强调"以奋斗者为本，长期坚持艰苦奋斗"，这就是干部必须永续坚持并传承的核心价值观。倡导奋斗精神，能和公司一起长期艰苦奋斗，在华为才有可能持续发展。正是华为的这种价值观、机制与制度打造了华为的铁军队伍，能让华为在极短的时间成功动员2000名具有15～20年研发经验的高级专家和干部，在公司一声令下后，义无反顾奔赴非洲、中东等艰苦一线去探索新的"无人区"。华为的团队是一支派得出、动得了、打得赢、不变质的铁军。

（4）自我批判的危机意识。2000年，华为已占据全国电子百强首位。岁末年初本是一贯的作年度报告的时候，但任正非在讲话中并没有谈论一年来的业绩，却开篇大谈危机，这就是任正非"华为的冬天"。他说道："我们公司的太平时间太长了，在和平时期升的官太多了，这也许就是我们的灾难。泰坦尼克号也是在一片欢呼声中出的海。而且我相信，这一天一定会到来。"危机意识是任正非在华为反复强调一以贯之的理念，自我批判更是在 2005 年以后被确定为华为核心价值观之一。"适者生存""生于忧患，死于安乐"的生存法则时时刻刻在警醒着任正非。

任正非给华为人制定的最高目标是——"活下去"。简简单单的三个字，里面有企业家生存不可或缺的居安思危意识。2018 年 5 月 16 日，美国总统签署行政命令，以举国之力打压、封杀华为。5 月 19 日，谷歌暂停与华为的商业往来。5 月 20 日，高通和英特尔也加入封杀华为的队伍，停止供应华为芯片。可以说，美国从软件到硬件双管齐下制裁华为。但是，让全世界都没有想到的是，在 2004 年华为就做了极限生存准备，启动的海思芯片备胎计划一夜之间转正，2012 年就已经推出自主研发的"鸿蒙"软件操作系统，可以兼容安卓系统，并可穿透手机、电脑、电视等强大的生态系统。美国又遇到了朝鲜战争的"上甘岭"。

福耀集团经过 30 年的不懈努力，从福耀玻璃这个乡镇小厂做起，成为如今全球第一大汽车玻璃生产商，全球市场占有率达 25%。作为福耀玻璃的创始人，曹德旺用他经营管理企业的成功和有家国情怀的企业家精神，赢得了所有人的尊重。他专注坚守玻璃制造业，坚持不进房地产，甚至说过这样的话：如果不是通过玻璃挣来的钱，送给我我都不要。几十年来，曹德旺个人捐资上百亿元做慈善事业。曹德旺说过：我不是为了钱，也不是为了享受，是为了中国靠我们共同努力能够强大起来，这是我真实的话。他跟美国人讲：我把绿卡还给你，不要了，三个孩子老婆全部撤回去，因为我的根在中国，我必须向历史负责！"让国家因为你而强大！让社会因为你而进步！让人民因为有你而富足"。这就是曹德旺的座右铭。

张瑞敏以海尔为蓝本，探索出传统制造企业在互联网时代可持续发展的转型升级方向和实施路径，即"人单合一双赢模式""企业平台化、用户个性化和员工创客化"。张瑞敏的这一系列管理策略、理论创新和商业变革，已获得学界及企业界的认可。海尔的创举，是一条前人没有走过的路，需要极大的智慧、勇气和担当，真正体现了一个卓越企业家的创新精神。

李书福是中国民营企业——吉利汽车的创始人。20世纪90年代后期，李书福只是一家民营企业的负责人，为了制造汽车，他恳求国家有关部门领导"给我一次失败的机会"。李书福诚恳地对领导说："如果我成功了，中国的汽车产业发展就会有一条新路，如果我失败了，那不过是我个人的损失，国家不会有损失，反而能给国家提供一份借鉴。"2002年，李书福参加全国汽车高峰论坛时，在演讲中"口出狂言"：通用迟早破产！与会的许多汽车企业老总都以此为笑料。一年后的2003年，李书福在吉利集团的管理层会议上又出狂言：我们要去买沃尔沃！李书福向满脸惊讶的同事们给出了自己的解释：福特购买沃尔沃的目的已经达到，未来的沃尔沃将成为福特的包袱，福特必然出售沃尔沃，而吉利汽车要做大做强，收购沃尔沃是一条快通道。

李书福的预言被历史证明准确无误。2009年7月5日，美国《华尔街日报》以一整版的篇幅刊登了该报记者写的特别报道《底特律倒下，吉利崛起》，对中国的吉利集团以及这家民营企业的当家人李书福给予了全面介绍。又一个预言被实现，福特决定出售沃尔沃，吉利最终以18亿美元的价格完全收购了沃尔沃，当年福特收购沃尔沃的代价则是69.5亿美元，这体现了中国民营企业家的超前眼光。

现在，中国高铁已成为中国名片，成为中国速度的代名词。从引进技术到自我创新，从部分国产化到100%国产化，从时速200公里到时速350公里。如今，中国研制的可以自动驾驶的最高时速达到486.1公里的"和谐号"380A新一代高速动车，在台架上的试验速度每小时可以达到605公里。从引进到全套设计、施工，整车"走出去"领先世界，中国铁路用几十年走过发达国家几百年的路。

改革开放以来，中国在载人航天、卫星导航、探月工程、深海探测、铁路交通、移动通信、高压输变电、港机重工、超级计算、大数据、核能利用、船舶制造等领域都取得了显著成就,成功实现了后发先至。我国探索和实践了市场经济条件下,以企业为主体、以市场为导向、以创新为驱动的体制和机制,无论是国有企业还是民营企业都可做到世界第一,在宏观经济体制、机制引导下,成功的关键是企业家胸怀天下的企业家精神。

6.3 谁来造就企业家队伍

企业家是市场的开拓者，是科技转化为现实生产力的决策者，是提高企业组织效率的运筹者，是职工创造劳动的激励者。在当前，中国经济要加快产业转型升级、加快实现质量效益都离不开企业家的创造性劳动。因此，培养和造就中国企业家群体队伍是中国经济最重要的课题。

6.3.1 培植尊重企业家的社会土壤

中国历史文化中，"学而优则仕"观念根深蒂固，当官是最有体面的职业，"金榜题名时"被历代学子视为最得意的人生幸事。

公务员薪资待遇虽然不是很高，但公务员社会地位高，还有完备的福利系统，工作稳定体面、有职有权，所以，现在最吃香的职业就是公务员，国考的录取比例都是几十比一乃至几百比一。

社会中许多人认为企业家就是赚钱的老板，而赚钱的职业在中国顶多是受人羡慕而不是被人尊敬，与发达国家相比，中国企业家生存的土壤相对贫瘠。

改革开放以来，中国企业家的生存环境总体向好，而且还将会越来越好，但在这一过程中有些反复，这和我国现代史上经历了和大部分国家不同的历史阶段有关。解放初期阶级斗争烙印，对公有制、全民所有制的认识，对共同富裕的理解是其他绝大多数国家人民所没有的。因而有些人对当前私有化和财富两极分化现象产生了不满情绪，让一部分人先富起来的经济发展动力，逐渐变成了再发展的阻力，不同观点和认识仍会在相当长的时间内存在。

改革开放以来，企业家的身份确立也只有30多年的时间，人们对企业家特别是民营企业家存在不同的认识。国家层面政策清晰，法律方面立法比较全面，但执行相对困难，在具体问题上政策公平感较低。由于地方政府拥有强大的事权，民营企业发展想获得政策方面的支持，就要"依附"于地方政府，而这种依附行为也为"问题"的滋生提供了土壤。银行贷款难造成的资金紧张成了中小企业发展的障碍，而制造业相对更不受"待见"，当然以上情况也与企业的自身问题相关联，如利润太低和少数企业诚信不足。

新中国成立后，我国开始建设全面公有制的经济体系，主张走全体人民共同富裕的道路成为主流思想。改革开放以后形成的以公有制为主体、多种所有制经济共同发展的主导思想逐步成为社会的共识。党的十四大提出"经济体制改革目标，是在坚持公有制和按劳分配为主体，其他经济成分和分配方式为补充的基础上，建立和完善社会主义市场经济体制"。党的十五大提出"公有制为主体，多种所有经济共同发展"，"非公有制经济是我国社会主义市场经济的重要组成部分"。党的十六大提出"毫不动摇地巩固和发展公有制经济"，"毫不动摇鼓励、支持和引导非公有制经济发展"。党的十八大进一步提出"毫不动摇鼓励、支持、引导非公有制经济发展，保证各种所有制经济依法平等使用生产要素，公平参与市场竞争，同等受到法律保护"。以上说明，随着经济发展，在国家层面对经济体制的认识有一个深化过程。2017年9月8日，中共中央、国务院发布《关于营造企业家健康成长环境弘扬优秀企业家精神更好发挥企业家作用的意见》，从营造公平市场环境到激励企业家成长的社会氛围，从营造"亲""清"新型政商关系到激励完善产权保护制度，从精神引导到实际帮扶，从眼前困难到企业未来的传承，为企业家专注品质、持续创新提供了全方位的支持和保护。2019年12月4日，中共中央、国务院发布《关于营造更好发展环境支持民营企业改革发展的意见》，提出了营造更好环境支持民营企业的28条，这一方面说明了当前在某些领域对待民营企业的态度确实存在问题，另一方面显示了党中央、国务院不但从思想上，更从具体市场环境、政策环境和法治环境执行环节上体现了"两个毫不动摇"精神，引导民营企业聚精会神办实业，守法合规搞经营。中国发展经济的社会土壤会越来越好。

6.3.2 加强对企业家的引导和培训

在中国的经济体制中，政府在公有制经济中发挥重要作用，在现代企业制度框架内对公有制企业的职业经理人建立企业家制度，建立对企业家的评价、任用、培训机制。与此同时，政府如何通过自身和市场渠道对民营企业家进行更好的引导培训，提升企业家素养，是提升中国经济质量的一个重要课题。

中国的民营企业一般为中小型企业，但民营企业对国家的税收贡献、投资、高科技和创造大量就业岗位十分重要，已成为中国市场经济的重要组成部分和关键力量。中国民营企业在先进制造业中也占有十分重要的位置。在中国制造重点推进的十大领域中，高档数控机床和机器人属于机床制造业行业。根据机床行业提供的资料，以机床工业最具代表性的金属切削机床为例，2015年规模以上的国有（含集体）控股、私人控股和外资（含港澳台）控股的占比分别为9.6%、72.1%、14.2%，如按整体机床行业分类，国有（含集体）企业占比更低。制造业产业结构发展趋势是越来越细化，所以中小企业的作用也将越来越明显。

中国市场经济发展才短短30年，由于民营企业的快速发展，企业经营管理人才队伍素质参差不齐、优劣不等情况突出，对企业技术创新、管理创新、企业文化创新的认识和国外同类企业相比存在较大差距，缺少有序进步的机制。因此，大力提高企业家素质和能力，是我国经济发展中的重要一环。

评判一个企业优劣的标准绝不是企业的资产性质是国有还是民营，美国的公众企业与国有企业并无二致，当民营企业体量不断增大时，其内部运转机制就等同于国有企业，一个企业运行好坏并不取决于其是国有还是民营，而是取决于掌握公司权力的企业家的价值观、组织能力和献身精神。因此通过有为政府加快培养中国的企业家，造就一支庞大的怀有历史使命感、社会责任感，具有进取精神、创新精神和奉献精神的企业家队伍刻不容缓。

6.4 企业家的自身修养和哲学修炼

企业家是指能抓住机会引进或开发新产品和新技术，改进企业的组织结构，谋求企业利润最大化和长期发展的企业所有者或企业经营者。从政治和经济角度理解，企业家是代表一种职业素质的人，而不是一种身份和职务。

中国企业家的历史并不长，企业家是随着中国的改革开放和市场经济发展，随着企业发展而诞生和成长的，他们往往是企业的创始人。在创业阶段，由于企业规模小、人员少、实力弱、资金不足，企业往往缺乏一套完整科学合理的管理制度，这个阶段也是企业初创最困难阶段。这个阶段最能体现企业家的冒险精神、创业精神以及吃苦耐劳的牺牲精神。在经历创业阶段后，企业开始进入成长期，成长期是企业发展最快的阶段，随着企业销售量的快速上升、市场份额扩大，企业面临新的格局。这个阶段，企业矛盾增加，面临管理挑战、文化冲突、利润分享问题、组织结构变革。这个阶段最能反映出企业家的驾驭能力、学习意识、使命感和进取精神、社会责任和个人品格。企业度过成熟期，将向两个方向演化，或进入新一轮的上升通道，或跌入不可逆转的下降通道，出现衰退。这个阶段，企业可能失去活力和创新力，利润和现金流减少，内部矛盾增加。这个阶段需要企业家有一定的预见性和敏锐的感知力，强烈的创新精神和良好的心理素质，通过掌握市场焦点，不断创立新业务，注入新技术，开拓新市场，实现企业的蜕变和振兴。

企业的成功才能说明企业家的成功，没有企业的成功就不存在企业家的成功。想要成为企业家，必须具备企业家所需具备的基本条件，其中除了企业家的学识、经历和先天的素质以外，还包括在后天的各种顺境和逆境实战中的经验累积和心智历练。经过时间和事件的洗礼，形成相对成熟的世界观以后，才算真正地成为一名企业家。对企业家的理解不要有误区，即并不是一个大企业、一个著名企业的经营者才能成为企业家。水大鱼大，企业的市场大就可以成为大企业，但制造业领域绝大多数企业市场为细分市场，市场空间不大，因此，在制造业领域，绝大多数是中小企业。企业家是指一种职业的素质，所以只要能将中小企业做强做长，做到行业领先，成为世界同行的强者，就是值得尊敬的企业家。

6.4.1 企业家应有的特征

企业家的特征体现在以下方面：

（1）使命感与驾驭能力。使命感使他们有信仰、有信念、有坚定奋斗目标，使命感催生的企业家的敬业精神和进取精神超过一般人，使命感是成就事业的精神支柱和力量源泉。驾驭能力要求企业家拥有很强的沟通、协调能力，无论在什么样的条件下都能激励团队向着目标义无反顾地前进。

（2）预见性和敏锐的感知力。他们善于观察和思考，善于学习和分析总结，更善于从书本理论和实践中获得感知。因此，具有比一般人更丰富的知识、技能和经验，他们具有很强的预见性和洞察力，对于市场、技术具有敏锐的判断力和逻辑思维，能够审时度势，用战略眼光分析问题，使企业始终比同业领先一步，成为行业的"领头羊"。

（3）创新意识与决断力。他们比一般人更容易接受新思想、新事物,具有开拓精神,勇于尝试、敢于冒险。他们更敢于创新破坏,具有不断改变现状的决策能力,提倡立即行动,能为此去承担决断的后果。但这种创新也不是一时的冲动,而是经过深思熟虑的行动,也有周全而缜密的思路,并持之以恒。

(4)道德力量和个人品格魅力。道德力量决定了发展的层次、规模和生命力。企业作为一个组织,其价值观和企业领导人的道德和品格直接相关,是企业凝聚力的核心因素,能形成具有高度向心力的团队文化,能提升团队整体的内在要素。企业家个人品格中自省、自励、自强的魅力,决定了企业家能够聚集多少人共同奋进,并实现事业的目标。

(5)社会责任。对社会应负责任,企业家应以一种有利于社会的方式经营和管理,社会责任包括经济责任、法律责任和道德责任,也包括商业道德、生产安全、职业健康、保护劳动者的合法权益、节约资源、保护环境,能够促进社会进步和发展。

6.4.2　企业家的自身修养

决定企业经营和运作能力的因素很多,但最关键的是企业家的立身准则,即企业家做人做事的世界观和方法论,或者说,是企业家为人处世的价值观和原则。如果企业家的立身准则出了问题,那么根本就不可能经营和运作好企业,也就不可能成为企业家。

(1)企业家要正确对待财富,要界定好自己与财富的关系。一个人在钱很少的情况下,做事做人都会小心、低调,但一旦拥有了一定的财富,就很容易变得目空一切、忘乎所以,这是人性的弱点。膨胀的金钱观会使人变得无视法律、社会公德、社会责任,甚至变得疯狂,最终的结果就是把自己推向悬崖。

(2)企业家要正确对待自己。企业家任何时候都要对自己的能力有一个清醒的认识。一个人了解自己是困难的,认识自己的缺点和不足就更难,要战胜自己则是最困难的。20世纪90年代,春兰曾经是一个非常优秀的企业，空调品牌排名全国第一。但当祝贺声、赞扬声不绝于耳时，企业盲目进入摩托车行业，又进入汽车行业。由于投资失败，从行业霸主沦落到三线品牌之外，春兰空调现在已被市场遗忘。因此，在企业家成功的过程中，最大的也最需要克服的障碍就是自己。

（3）企业家要正确对待诱惑。企业家出了名，就会有各种诱惑蜂拥而至，如果企业家不能保持定力，缺失清醒的头脑，就会被诱惑裹挟不能自拔。要正确对待利益的诱惑，正确对待政治的诱惑，正确对待名誉的诱惑，正确对待权力的诱惑，正确对待出镜率的诱惑，正确对待金钱和美人的诱惑。

（4）企业家要正确对待以人为本。财富只是事业成功程度的象征，而不是人权高低的区别。在公司只有从事岗位和职业的不同，没有高低贵贱之分，每个人在人格上都是平等的。企业家只有发自内心地对人、对人权尊重才能最大限度发挥企业员工和企业团队的力量。我们有不少民营企业视员工为挣钱的工具，缺少环境保护安全措施，少交员工应得的"五险一金"，这样的企业肯定是走不远的。只有尊重员工权利，真正做到以人为本，即以员工的生存为本、安全为本、归属为本、尊严为本、价值为本，建设和谐企业，发挥团队力量，才能齐心协力，优势互补。

（5）企业家的自身修养。在人类和社会发展的历史过程中，人们在改造自然、改造社会的同时，也改造着人类自身。企业家在科学发展的过程中通过企业为社会创造财富，从而推动社会文明和进步，而这个过程中，企业家也要推动自身的进步。从一个普通创业者、普通员工，通过实践的磨炼，逐渐成为一个能熟练运作企业的企业家，在这个过程中，只有加强学习和自身修养，发挥人的主观能动作用，逐渐认识和体验企业发展和社会的发展规律，从实践磨炼和理论学习中提高自身的思想，培养良好的习惯，才能成为一名优秀的企业家。

刘少奇在《论共产党员的修养》中提出："共产党员要在改革社会

的革命实践中自觉改造自己，提高自己革命的品质和能力，否则不能实现改造社会的任务。"企业家是实现中国梦的中坚力量的一部分，在改造社会的同时也在改造自己，把自己的事业同民族、国家及人类的事业联系在一起。

6.4.3 企业家要学习哲学

哲学是一种思想，也是文化的核心，是世界观和方法论的统一。世界观是怎么去"想"，方法论就是怎么去"做"，世界观又决定方法论，因此二者是统一的。世界观是人们对包括自然、社会的人类思维在内的整个世界的根本看法和根本观点，哲学是理论化、系统化的世界观，方法论是关于认识和改造世界根本方法的理论。

企业哲学能为企业经营管理提供科学的世界观和方法论。企业哲学是指导企业经营管理的最高层次的思考模式，是处理企业内部、外部矛盾的世界观和方法论。企业哲学是企业文化的核心和动力源泉。企业文化是一个企业成员在企业内部如何与他人共同工作的行为方式，对外是企业与外界如何合作共处的一种态度。因此，我们将企业文化理解为企业解决对内对外各种矛盾的一套辩证思维。企业文化是企业哲学的外在表达，企业哲学是塑造企业文化的根本。哲学有许多含义，它的最大特色在于挑战现实，从现实中找出发展的可能，因而哲学是反思性的，而且是批判性的。从反思的意义上说，企业哲学深究企业存在的基础和本质，回答企业哲学的三大命题，那就是"是什么，成为什么""为什么存在""如何存在"，也就是企业愿景、使命及核心价值观三个概念。从批判性的意义上说，企业哲学对现实充满着不满、挑剔现实的不完美之处，找出企业发展的可能道路和空间。可以说，企业哲学是企业文化中最为精彩的部分，最具有超越自我的意义。

哲学思想是企业活动的灵魂，是企业行为的先导，它是"一只无形的手"，支配着企业战略决策与运营各层面的思想和方法，企业发展的成功或失败无不融入了正确或错误的经营思想，这些经营思想无不扎根于管理者的人生哲学之上。这是因为，企业经营管理活动总要在一定的世界观和方法论的指导下进行，不是这种世界观和方法论，就是那种世界观和方法论，不是正确的世界观和方法论，就是错误的世界观和方法论。很多企业经营管理者往往把大部分时间都集中在企业的具体事务上，关注紧急的但不重要的事务，很少想到自己是按照一定的世界观和方法论去行动的。人的活动不是盲目的，是受思想、意识支配的，世界观作为人们对世界的基本看法和观点，在任何行动中都会发生作用。企业家的经营管理过程，就是基于企业发展方向和科技发展方向以及对顾客、市场等内外关系因素的了解，通过战略制定、战略规划、资源配置和绩效评审，掌握组织的运营。就是他把自己的认识和思维转化为具体行动的过程。而企业家的事实认知、价值认知和分析判断能力及方法是企业家知识和智力的结合，是世界观和方法论的具体体现。有一次，一位记者问张瑞敏："一位企业家首先应懂哪些知识？"张瑞敏想了想说："首先要懂哲学吧。"人的成熟在于思想的成熟，企业家的成熟在于实践经验基础上形成的理念体系。

哲学素养在企业经营管理中发挥作用是一个缓慢的、循序渐进的过程，这个过程是企业家通过不断学习，把自发的、朴素的、零散的观点整合为自觉的、科学的、系统的理论，使自己的哲学素养不断提高，从而学会运用唯物辩证的观点和方法去观察、分析、处理问题。把哲学世界观、方法论转化为企业经营管理的思想理念、思想方法和工作方法，进而指导企业的经营管理工作。

我们在学习哲学的过程中要学习企业哲学，哲学和企业哲学是基础科学和具体科学的关系，具有普遍性的指导意义，企业哲学为企业及企业经营者提供内在相关联的特殊性的指导。

清华大学教授魏杰的《企业哲学》，通过多维视野来导入企业哲学内涵，使我们从理论上对企业哲学有了新的更深刻的认识。华为等中国多家优秀企业的哲学实践,为我们提供了学习企业哲学的新视野。

以企业哲学思维来提高企业文化、企业经营与管理,提高企业家素养是文化生产力建设的重要内容。

任正非说:我们这一代人因特殊的时代背景,烙上了毛泽东时代的深深印记,我对毛泽东的理解和传承并不仅仅是形式上的模仿,从毛泽东身上更多吸收到的是哲学思想方面的传承,其中最核心的就是辩证思维和自我否定的意识。有人说,毛泽东军事思想是专门为弱者提供战胜强者的思想武器。华为30年的发展,实际上就是一幕惊心动魄的弱者变为强者,以弱胜强的传奇历史。

任正非说:我的导师是毛泽东,我创立华为这股力量的源泉就是毛泽东!任正非将华为的经营思想、战略方法等,都打上"毛泽东思想"的深深印记。1995年12月26日是毛主席诞辰纪念日,任正非在市场部整训大会上发表了《目前的形势与我们的任务》,1998年任正非写了《华为的红旗究竟能打多久》一文,这些文题都是引自毛泽东的文章题目,同年,任正非以《希望寄托在你们身上》为题发表讲话,还引用了毛泽东对留苏学生的名言,激励华为的年轻研发人员对未来要充满信心。

华为员工共同持股制是新的"公有制"实现方式。任正非说,我们创建公司时设计了员工持股制度,通过利益分享团结起员工,凭自己过去的人生挫折,感悟到要与员工分担责任、分享利益。任正非用"公有制"团结凝聚员工,创造出华为在新的历史制度下新的"公有制"实现形式。

农村包围城市的战略思想。任正非曾经说过,华为不是邮电系统内的企业,也不是政府下属机构,其实就是没有客户基础。华为的市场战略概括起来,就是农村包围城市,从基础薄弱、发展不成熟的农村市场或欠发达市场做起,再向要求更高的成熟市场迈进,这与毛泽东创立的革命路线一脉相承。

批评主要是自我批评。任正非在华为开展毛泽东倡导的批评与自我批评。华为有几条规定：第一，不搞人人过关；第二，重在自我批判；第三，强调一个"真"字，要实事求是；第四，不无限上纲，把握适度；第五，善意与建设性是大问题。自我批判，就是对自己否定，对现状否定，它让人从心态上放低了自己的价值，在自我批判者的心目中激起强烈的危机感，从而实现人生的升华。

艰苦奋斗的思想。艰苦奋斗是毛泽东思想的重要内容，毛泽东从中华民族的优秀传统中汲取了艰苦奋斗这一宝贵的精神财富，他是我党积极倡导和推广艰苦奋斗的先行者和光辉典范。艰苦奋斗是华为的核心价值观。2010年华为倡议员工"自愿"提交"奋斗者申请"，提倡员工自愿放弃年休假等福利，专注于公司的共同发展，并可以获得更大的回报，而那些没有提交申请的，则被称为"劳动者"。奋斗者文化，其实质就是艰苦创业文化。

市场经济的本质是竞争经济，在供大于求的情况下，企业的市场环境竞争空前激烈，企业发展过程中都有自己的发展战略和竞争战略。战略的本义是对战争的谋略。谋略是大计谋，是对整体性、长期性、基本性问题的计谋，竞争战略是对竞争的谋略，发展战略是对发展的谋略。

企业哲学的智慧最集中表现在企业的发展战略和竞争战略中，据相关机构统计，世界大企业的失败有85%是由于战略决策的失败。

2012年，美国柯达公司宣告倒闭。一个拥有132年历史的胶卷巨头，一个与摄影艺术共同成长起来的影像器材帝国，在21世纪数码大风暴的侵袭中轰然倒塌。具有讽刺意味的是，柯达早在1975年就研发成功了世界上第一款数控数码相机，但未能准确地把握数字化趋势，这是最终导致柯达倒闭的最重要原因。

GE的衰落。1892年成立的美国通用电气公司（GE），被巴菲特称为"美国商业的象征"，被人称为能够代表美国工业时代的标志性企业。但是，成也韦尔奇，败也韦尔奇。在其担任 CEO 期间，GE 市值从 130 亿美元跃升至 4800 亿美元。韦尔奇提倡"以速度取胜"，追求短期利润增长回报，忽视了产业技术研发的发展趋势，将产业重心转到金融服务部门。在 2008 年世界金融危机时，GE 成为负债大户。2015 年，GE 宣布退出金融市场，2018 年一度全球市值最高的公司通用电气（GE）被移出道琼斯指数。

波特的《竞争战略》以"五力模式"为分析工具，得出了总成本领导战略、差异化战略及专业化战略，提出了企业在市场竞争中的一般性法则。在 1990 年，波特出版了《国家竞争优势》一书，他在这本书中将企业竞争优势的概念应用到国家层次，探讨了国家如何建立起它的竞争优势。

竞争理论与实践关系到企业、地域、国家利益，如何深刻理解哲学在竞争中的作用？首先就让我们来了解毛泽东的哲学思想。

6.4.4　学习毛泽东哲学思想

人类社会从来都是历史造就伟人，中国历史选择了毛泽东，毛泽东改变了中国的命运，同时也改变了世界政治版图。毛泽东具备政治家的胆识、军事家的韬略、思想家的睿智，其诗词气势磅礴，然而毛泽东一生最成功最辉煌的成就，应该是军事业绩。

毛泽东是集军事统帅与理论家于一身的军事家，这是古往今来军事家所不具备的。任何一个在军事思想史上有影响的军事人物，不论其世界观、方法论的科学性，还是战争实践范围的深度、广度和复杂程度，都难以同毛泽东相比。

毛泽东的军事理论的一个明显的特色是以弱胜强，这是军事上最难做到的，又是军事家追求的最高境界。毛泽东的军事战略思想，首先是战争哲学思维，即关于战争的认识论与方法论，这是战略思维的最高层次，具有稳定性和长远指导性。

(1) 全局思维。即从世界、国家、地域、战区以及从政府、社会、经济、文化角度处理问题，正确解决局部与全局、当前与长远的关系，并使两者构成有机整体。

(2) 战略战术思维。如农村包围城市；你打你的，我打我的；战争不在于一城一池得失而在于消灭敌人有生力量；集中优势兵力，各个歼灭敌人；伤其十指不如断其一指；防御中的进攻、持久中的速决、内线中的外线；主动性、灵活性、计划性；战略上藐视敌人，战术上重视敌人；不打无把握、无准备之仗，实行有利决战，避免不利决战；等等。

(3) 战争力量建设思维。即人民军队的建军路线，包括没有文化的军队是愚蠢的军队，而愚蠢的军队是不能战胜敌人的；政治工作是生命线；党指挥枪的原则，并把支部建在连队；三大纪律、八项注意；全心全意为人民服务的唯一宗旨；政治路线确定之后，干部就是决定的因素；搞土地改革，获得最广大人民群众的支持。

(4) 统一战线思维。在每一个革命战争时期，毛泽东都建立不同形式、不同内容的统一战线，以对付共同的敌人，并强调中国共产党在统一战线中的领导权和独立自主原则。

毛泽东哲学思想是马克思主义哲学和中国革命实践相结合的产物。陈云同志说过，读《毛泽东选集》，先从毛泽东五篇富有哲学思想的文章看起。[①] 这五篇文章为《中国革命战争的战略问题》《实践论》《矛盾论》《论持久战》《战争和战略问题》，五篇文章均写在延安时期，它们充满辩证唯物主义和历史唯物主义哲学思想。

其中《实践论》《矛盾论》运用通俗易懂的语言，深入浅出、全面系统地阐释了马克思主义的唯物论辩证法以及认识论、方法论的基本原理，并对中国革命应该怎样运用其去分析和处理问题做了一系列创新性

---

① 陈元. 人民要论:真心学哲学,真心用哲学——从毛主席的一篇文章谈学哲学[N]. 人民日报,2016-01-07.

论述。在"两论"中,毛泽东对 1921 年至 1935 年,"左""右"倾的错误路线给中国革命带来的重大挫折和重大损失做了高屋建瓴的分析,确立了中国革命正确的理论基础,从理论根基上、从思想路线上、从世界观和方法论层面对主观主义特别是教条主义进行了一次彻底的清算,这也是对中国革命经验教训的哲学总结。

毛泽东的军事思想是马克思主义与中国革命实践相结合的哲学思想,是以弱胜强的哲学思想。

在井冈山、长征和延安时期,党的红军领导骨干绝大部分是留学德国、法国、苏联的知识分子,都觉得自己很有理论造诣和能力水平,但通过实践最后都选择了毛泽东为中国革命的领袖,这和毛泽东深厚的哲学思想密不可分。

企业竞争的核心问题是企业战略问题,而战略思想其实是哲学思维问题,就是从世界观、方法论上看问题,要想充分把握企业的战略问题,必须有很强的以哲学分析问题的能力。

世界经济发展给我们留下了丰富的经济专业书籍。企业是学习型组织,企业的经营管理者一定要更多地学习企业经营管理的专业知识,扩大自己的知识面和视野高度。其中科学的世界观和方法论是最基本、最重要的一条,因为它作为唯物辩证的科学思维,在企业家的知识体系和能力结构中起着整合、统率、引领的作用,经济思想代替不了对哲学思想的学习。

学习哲学首先要学习《实践论》《矛盾论》,其是马克思哲学理论最基本核心的部分,包含着丰富的哲学理论和方法论内涵,其中最具核心意义的内容是知行统一理论和对立统一法则。通过知行统一和对立统一的哲学智慧来观察、认识、总结事物发展的内在规律,在实践中认识和处理矛盾,促进事业发展。学习唯物主义辩证法、认识论和方法论有许多教材,《实践论》《矛盾论》就是我们学习最好的哲学教材。

企业家必须不断学习,把自发的、朴素的、零散的观点整合为自觉的、科学的、系统的理论，使自己的哲学素养不断提高。只有这样才能深谋远略，站得高、看得远、想得深，才能在千变万化、纷繁复杂的现象面前把握本质、抓住关键、预见未来、掌握趋势，在市场经济的大浪中驾驭方向，掌握主动权。

6.5 谁来造就中国工匠

6.5.1 工匠精神的提出

制造业是国民经济的主体，没有强大的制造业就没有国家和民族的强盛。要坚持把人才作为建设制造强国的根本，建立健全科学合理的选人、用人、育人机制，加快培养制造业发展急需的专业技术人才、经营管理人才、技能人才，建设一支素质优良、结构合理的制造业人才队伍，走人才引领的发展道路。

在与发达国家先进制造系统的对比中，我们缺少先进的科学技术，也缺少将先进技术用于生产的制造过程，更缺少将技术转化为优质产品的技能型人才，这些技能往往存在于个体之中，成为一种隐性知识，这也是一个企业的无形资产的一部分。

2016年《政府工作报告》首次提出了"工匠精神"，2017年《政府工作报告》提出："质量之魂，存在于匠心，要大力弘扬工匠精神，厚植工匠文化，恪尽职业操守，崇尚精益求精，培育众多中国工匠，打造更多享誉世界的中国品牌，推动中国经济发展进入质量时代。"

对工匠和工匠精神的呼唤成为中国经济发展和转型升级的战略层面的共识，如何打造中国工匠和工匠精神已成为中国政治、经济、文化、教育领域共同关注的课题。

6.5.2 工匠精神的文化因素

在现代化大生产的工业社会，一个国家生产力水平主要取决于产业工人和科技人员整体的精神素养和技能水平高低。很多学者都认为，推动中国经济发展的人口红利已消失，这种观点是不全面的。提高劳动力整体素质和技能，将我国人口红利转变为人才红利，将人口红利的数量转变为人口红利的质量，才是持续提高社会生产力和促进我国经济转型升级的战略思维。长期以来，日本高级技工占比为40%，德国占比50%，而我国高级技工占产业工人的比例仅约为6%，无法担起我国产业转型升级的重任。[1]

目前我国已推出《国家职业教育改革实施方案》《职业技能提升行动方案》，开始建立劳动者终身职业技能培训制度，大规模开展职业技能培训，大幅度提高技能人才在产业队伍中的比例。将人口红利转变为人才红利是一项对于提升民族素质具有不可估量的意义的事业。

当前我国教育与人才培养在制造业方面主要存在三个问题：第一，目前在职教育与普通高等教育要把智力教育和职业精神、工匠精神教育结合起来，教育要与企业对人才的需求对接，因为企业更看重的是后者。第二，企业是我国制造业队伍人口红利转变为人才红利的主战场，是制造业队伍技术、技能和素质形成和提升的关键环节。企业教育与教育系统教育相比，理论和实践结合得更紧密、更专业、更高效，因此除教育系统之外，如何提高企业终身培训和教育的能力，是先进制造业文化的重要部分，在此过程中，企业与企业家扮演着十分重要的角色。第三，人力资源要素是生产力要素中最具活力的要素，承载着知识、技术、技能、能力、经验以及精神面貌、心态、主观能动性精神活动，还

---

[1] 日本高级技工占比40%，德国50%，而我国仅为6%[EB/OL]. 人民政协网,2019-06-19.

包括科技人员的科技技能、管理人员的管理技能。我们不但一线员工技能和发达国家存在差距，科技人员和管理人员也与之存在差距，这种差距可能比一线员工的技能差距更大，这种差距表面上是技能的差距，本质上是文化与精神层面上的差距。工匠精神也是企业全体员工的一种精神，是企业文化的重要组成部分。

何谓工匠精神？其主要表现为执着、专注、坚持，在自己的专业领域永远不停止追求进步，在工作过程中不断追求完美的境界；表现为严谨、一丝不苟，严谨的工作作风和一丝不苟的工作态度是人生的处世哲学，它表现为思维方式的严密性和逻辑性，行为上注重细节、追求极致，提倡第一次就把事情做准确；表现为精益求精，精益求精是追求完美，更是一种品质、一种要求，对工作孜孜不倦，反复改进，在追求完美过程中实现自我。

工匠精神是我们做好每一件事情的内动力，是品格中最基本的特征。一个人可能终身在一个专业岗位，也可能在多个岗位，如果有敬业之心，并持之以恒，一定能一步一个脚印走向事业的象牙塔。

6.5.3　企业家工匠精神

工匠精神是个体精神，也是团队精神，更是企业精神。我们在国家层面大力倡导工匠精神，但这种精神需要落地，这个"地"首先就是企业，而当前我们企业却缺乏培育工匠文化的土壤。用文字来解答工匠精神的内涵是最容易的，而要追求工匠精神、造就工匠精神则是一件不容易的事情。工匠精神是企业文化的一部分，因此培养工匠精神首先要从培养企业家工匠之心开始，因为工匠精神是企业家精神的一部分。一个企业的精神不会超过该企业经营者的精神，一个企业对工匠精神认知的高度不会超过该企业经营者的认识高度。企业经营者首先是社会人，其次才是企业人，中国的企业经营者同样离不开社会文化的影响。中国企业也有很多优秀的企业家，而这些优秀企业家主要通过自我修炼、自我学习和自我实践，形成具有自身特点的精神文化，因此出现了不少优秀企业、中国品牌、中国名片。在这些优秀企业之中，工匠精神已不是个体意识，而是群体意识，已形成群体优秀工匠。在少数企业先进与多数企业落后的情况下，多数企业表现为缺少工匠精神的文化，这主要是因为经营者缺少工匠精神。因此中国企业整体上缺少执着、专注、坚持，缺少严谨、一丝不苟和精益求精的精神，缺乏培育工匠精神的文化土壤。企业家具有工匠精神的思想理念和行事风格，必定会宣传工匠精神、示范工匠精神、落实工匠精神、激励工匠精神，从而使工匠精神落地。

因此要打造中国工匠和工匠精神，首先要打造企业家的工匠之心、工匠精神，这是中国工匠精神落地的主渠道。

6.6 行业协会的独特作用

一个行业的行业协会代表了行业全体企业的共同利益。在政府与企业、企业与企业之间，行业协会行使沟通、监管、统计、研究、服务的职能。行业协会是企业家之家，也是行业企业之间联系、交流、互进的重要纽带。

6.6.1 行业协会优势

多元利益的冲突与整合，是市场经济条件下的重要社会特征，而行业协会在行业企业中具有天然的纵向沟通和横向协调、交流、服务的职能。由于行业协会的功能和作用，国际同行企业及国内企业一般对中国行业协会持开放态度。国外行业、企业希望通过中国行业协会了解和拓展中国市场，因此它们会主动和行业协会保持良好的关系。在国内，行业协会都具有较高的威望和良好的形象，行业协会能进入企业的大门，见到企业的关键负责人，能通过交流、考察、研究、比较并通过对企业经营的数据进行统计，深入了解和把握企业现状，能通过对国内外企业的比较，更全面、更系统地了解国内外企业问题和差距。

一个行业产业的产品，其研发、生产和市场具有共同的特征和同类型的知识体系、管理模式。行业协会对行业知识体系和管理模式以及行业整体发展趋势包括技术、管理、组织模式、产业定位、发展理论等有总体了解和把控,因此具有其他组织不可替代的优势。由于行业协会对行业的深度了解、对市场反应的敏感、对行业政策的熟悉、对行业趋势的准确把握,因此可以发挥其独特的作用,更好地为企业提供政策咨询和智力支持。行业协会可以通过一定的形式和渠道,全方位提升行业企业的竞争力。行业协会的地位与职能、行业协会的专业专注、行业协会的公平公正,将决定其在中国制造中的不可替代的作用。

目前中国行业协会和行政脱钩,从试点走向全面推进。随着政企分开和政府职能转变,综合经济部门和专业经济部门职能分解与转移,政府管理必须向行业管理转变,建立适应市场经济要求的行业管理运作体制,这是历史的必然。行业协会因此迎来了自我改组、自我改造、自我完善的历史机遇,迎来了性质、地位、作用、职能大变化、大发展的阶段。

在市场经济条件下,企业作为一个独立的社会经济组织,不仅面临竞争日益激烈的市场,还面临一系列自我完善、自我发展的课题。企业经营理念、市场策略、科研开发、产品结构调整、效益增长、文化建设等方面的工作都需要行业协会的指导。企业会乐意、欢迎和主动争取行业协会的帮助和支持,并希望通过新颖的方式进行合作。

行业协会通过国家相关部门的支持,可以掌握产学研中的资源渠道,成为科技公共服务体系中网络平台建设的行业节点。行业协会可以扮演"产学研"协同创新的特殊中介机构,加快各主体的知识流动和增值。在国家创新系统中,行业协会应该成为行业企业的"知识地图",成为企业创新跨越知识之"坎"的导引员。

建立以各行业协会为节点的中国模式的"中国制造联盟",可以让政府无形的手通过行业协会有形的手发挥作用,促进行业文化和企业家队伍建设,走上一条加快中国制造业升级和向质量效益转型探索的新路径。

6.6.2　国家创新系统

国家创新系统是指一个国家内各有关部门和组织机构间相互作用而形成的推动创新的网络，是由经济组织和科技组织机构组成的创新网络。

建立国家创新系统、区域创新系统是国家推进创新的重大举措，在创新系统中，政府发挥着极其重要的作用。政府具有强有力的组织协调控制能力，是创新政策的制定者和创新环境的创造者，同时又能承担一定的创新风险。政府能够有力促进创新要素的结构化和系统化，把与创新有关的因素调动起来而形成整体。

（1）企业与行业协会。企业是微观经济主体，是市场经济活动的主要参加者，是社会生产和流通的直接承担者；企业是社会经济技术进步的中坚力量，企业经营情况关系到整个国家经济的好坏，提高企业的竞争力就是提高国家的竞争力。因此，通过建立国家创新系统，组织和引导企业通过技术创新、管理创新、商业模式创新和企业文化创新，加快开展供给侧结构性改革，加快转型升级。行业协会是这个行业的企业代表，与企业之间联系紧密，可以与企业无缝对接。它们在企业的经营理念、技术、管理、文化等方面都有着共同语言，企业对行业协会的信任在市场经济中是十分宝贵的资源。行业协会对本行业的企业发展战略有着更清醒的认识，对市场竞争态势有更客观的了解，由行业协会来代表企业作为创新系统中的需求方的主体十分必要，因为创新系统主要是以需求来拉动的。

目前中国的中小企业普遍存在自生自灭的状态，它们在自身熟悉的领域具有知识优势和能力优势，但想向更高层次发展或追求跨越发展却不易，如在新产品开发上一旦遇到全新技术知识，即遇到技术知识"黑箱"就会踌躇不前。制造业高技术领域的知识分类越来越细，往往使这些企业无法寻找到可以咨询和合作的科研院所，心理上就会形成一道

"坎",阻碍企业的技术创新,就像当年普通机床到数控机床的转型,其前期的发展过程是缓慢的,只有最敢创新的企业才能借助科研院所的力量先行一步。另外,由于企业环境空间相对封闭,对优秀企业缺少直觉感知,对管理在企业中的作用(可提升企业全方位竞争能力)缺少认识,导致中国企业对《卓越绩效评价准则》的认知远远低于美国企业对卓越的认识和追求。在多数企业管理落后的大环境下就会形成一种环境效应,企业缺乏危机意识,求变动力不足,创新意识淡薄,缺少动力机制和创新的路径引导。行业协会对改变这种现状,引导中小企业跳出原有的思维定式,加快向创新型企业转型具有天然优势。为中小企业服务在行业协会自身转型过程中具有双向共赢的功能。行业协会作为企业的代表参与国家创新系统并成为网络节点,可以进一步发挥行业协会的作用,并且可以提高创新系统运行的效果和质量。

(2)大学及科研院所。大学及科研院所是知识生产机构,它们在科研领域的研究与成果是技术创新和经营管理创新的知识库,它们产生的科学知识和技术知识大多都是公共产品,这些应用研究或技术,虽然和企业的要求不完全相符,但是已经具有新技术必不可少的核心。它们是提供技术创新的技术源泉,能促进科技成果产业化。在"产学研"联盟中,知识作为创新资源,比生产要素——土地、资本和劳动力发挥了更大的作用,尤其在高新技术产业,知识具有高增长潜力和高附加值,是技术创新系统结构性的关键因素。

(3)教育培训机构。与经济实体不同,它们对知识的占有并不具有排他性,不管是显性知识还是隐性知识,一旦与企业所拥有的知识相结合,就有可能产生新的知识或新思想,进而为技术创新、管理创新提供可能。大专院校作为教育培训机构的主体,承载着知识汇聚与知识扩散的功能。同时它们更是为企业培养和输送人才的主渠道,并提供新的信息服务。企业并非只生产产品和提供服务,更是知识管理的主体,是员工终身学习的场所,企业内部培训与外部机构培训相结合,为企业创新系统培养和提供源源不断的人力资源。

（4）中介组织。从创新思想的产生到创新产品的实现是一个极其复杂的过程，既要融合相关知识，也要人力、物力、财务、法律的支撑，其很多方面需要中介服务机构的参与和支持，包括技术开发中心、企业孵化中心、地方政府及金融服务机构，还有为制造业信息技术、经营管理服务的咨询机构和制造业所需的软件开发公司。这些机构和服务公司在20世纪90年代末如雨后春笋般发展起来，在近20年的发展中，它们为企业的信息技术、管理咨询和工业数控软件开发做出了贡献。但同时我们也看到，这类咨询公司的发展参差不齐，行业协会同其中优秀的咨询服务公司合作能使行业企业在信息技术、经营管理层次上获得跃迁。华为能够高速发展，世界一流咨询公司在其中发挥了重要作用，为华为后续发展奠定了坚实的管理基础。行业协会可以通过调研、交流、研判，寻找更加适合本行业的咨询服务公司来为行业企业服务，使行业企业经营管理获得跃升，而咨询公司通过实践对某一行业的全产业特征了解更深入、更专业，有助于更好地服务于该行业企业。

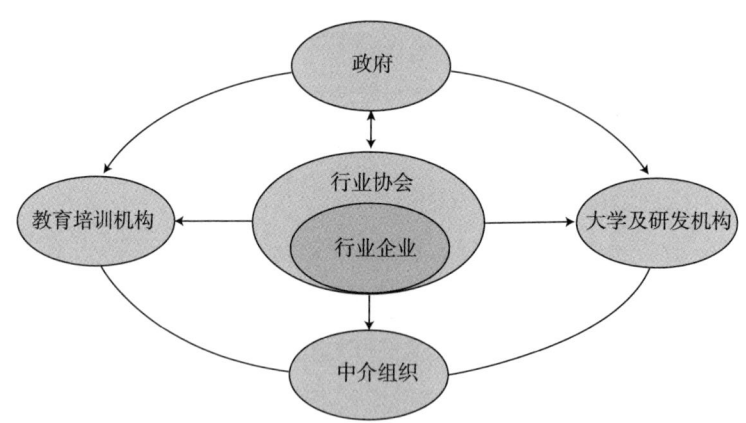

图6-1　国家创新系统结构

政府是国家创新系统的组织者，但如何更有效地发挥国家创新系统功能和作用，关键在于行业协会，因为它联通着行业的所有企业，而且它更专业专注，更代表一个行业的需求。其他组织特别是兼职的组织和个人都无法胜任创新系统"产学研"网络"关键节点"的功能。

行业协会作为国家创新系统的关键点，承担着行业创新转型的重任，这必将推动行业协会自身改革探索和转型。协会首先要具有切实为企业服务的理念和宗旨，以行业振兴为抱负。在这个过程中，协会本身要成为学习型组织，增加其组织知识和个体知识，发挥与外界环境进行充分交流的功能，让协会成为企业的知识地图和知识资源库。协会本身就是一个企业组织，按德鲁克的创新与企业家精神，行业协会应该是企业家中的企业家，其企业家精神就是行业精神。

创新具有高度不确定性，创新系统的良好运作需要探索。在实践中，国家创新系统运作是市场经济的一部分，在国家创新系统中，国家应该制定激励行业协会创新的政策和制度，促进各种机构组织之间的联系和互动，鼓励协会创新转型，使主体的创新潜能和动力被充分地释放出来（见图6-1）。

6.6.3 发挥行业协会作用，促进企业家队伍建设

（1）树立行业愿景，推动行业整体发展。行业愿景是由企业愿景共同组成的，共同愿景是行业、企业最终希望实现的未来蓝图，是行业的前进方向，能够指导企业的发展策略。

（2）建立创新型行业，形成创新的行业文化。创新是开拓共同愿景的最为有效的方法和手段。通过创新，把行业文化、企业文化的共同愿景融合起来，推进创新工作在行业内全面展开和落地，从而形成创新型行业、创新型企业，推动行业整体发展。

（3）提高企业家素质。第一，企业家的核心价值观决定一个企业整体核心价值观的高度。企业家要以正确的历史使命和社会责任提高自身的使命感和责任感，行业协会则通过对国内优秀企业家的案例分析以

及优秀企业现场交流，提高企业家对企业文化的全面深刻认识，通过企业文化落地推动和提高整个行业文化高度和企业家的精神面貌。第二，全面提升企业家的视野和管理企业的能力。各行业具有自身的产业特征、生命周期、运行规律。行业协会通过培训与交流能让企业家更深刻地了解行业战略管理、产业定位、运营模式、技术创新、管理创新、商业模式创新、文化创新的要求和方法，从而实现企业家知识和能力的升级。

（4）建立学习型行业。建立学习型行业协会是推动形成行业内学习型企业的重大动力机制。我国行业协会不但要把自身建设成学习型组织，同时要把行业建成学习型行业，作为一个战略选择，建立以行业各企业一把手参与的学习型组织，把振兴行业、振兴企业作为组织目标，通过线上、线下组织学习，提高行业组织对学习的深刻认识，形成一个自上而下的行业学习型体系。美国、德国、日本的企业基本上完成了企业管理升级，代表着全球先进制造业管理模式和发展趋向，行业协会可以通过对国内外先进企业发展及现状深入了解，向行业企业展示国内外同行企业的先进经验或者失败的教训。行业协会通过把握本行业发展的重点、难点、问题点，有针对性地探讨；以问题为导向、以目标为导向、以结果为导向，组织企业家到国外优秀企业、外资优秀企业、国内优秀企业学习，看一流企业，学一流经验，提高企业家转型升级的创新动力，形成高起点的创新转型模式，最后在行业内形成高起点相互学习、相互竞争的格局。

（5）开展培训。行业协会可以获得比一般组织更优秀的培训资源，如大学的优质资源和国内外相关专家资源。行业协会通过调研、比较，可以选择最适合本行业的优秀咨询公司开展行业培训和咨询，行业协会的培训更具有行业的针对性，从而获得更好的培训效果。

行业协会理应在行业企业发展中扮演更重要的角色，这是新时代行业协会的历史使命。

先进制造业文化
中国制造业转型升级的必由之路

7 先进制造业文化
需要国家顶层设计

顶层设计是指抓住当前及今后一个时期影响国家经济发展的重大问题,包括经济、科技、文化等领域确实存在的,对全局性有影响的各种各样的矛盾和问题,抓住现象背后的体制机制原因并求得突破。

7.1 中国社会文化生态和企业文化生态

7.1.1 社会文化生态

中国已经走向了市场经济，而市场经济的内在动力是利益的追求，在这种情况下，我们面临着好的市场经济与坏的市场经济的选择。好的市场经济与坏的市场经济，在于有无完善的市场法规，最主要的在于有无健全的市场伦理的支撑，能否降低市场经济的运行成本以及导引全社会走向和谐。从这个角度看，中国市场经济的前景很大程度上取决于中国人的道德前景。

在中国建设市场经济过程中，道德建设并不是一帆风顺的，不讲诚信、不凭良心、不负责任的人和事屡见不鲜。如三鹿奶粉、塑胶化食品、毒大米、瘦肉精、苏丹红工业添加剂、硫黄食品、过期变质商品、化学药品残留食品等现象和事件，严重威胁人们身体健康。市场经济中的道德缺失虽然属少数群体，但在现今社会，多媒体、大数据、网络信息传播的速度极快，使这些丑恶现象像瘟疫和病毒一样蔓延开来，蔓延到整个社会文化生态，没有自身免疫力的人会复制这种病毒，而且这也将对健康人群造成巨大的心理创伤。

2019年，中共中央、国务院印发了《新时代公民道德建设实施纲要》(以下简称《纲要》),《纲要》指出:"道德领域依然存在不少问题。一些地方、一些领域不同程度存在道德失落现象,拜金主义、享乐主义、极端个人主义仍然比较突出,一些社会成员道德观念模糊甚至缺乏是非善恶,美丑不分、见利忘义、唯利是图、损人利己、损公肥私、造假欺诈,不讲信用的现象久治不绝,突破公序良俗底线,妨害人民幸福生活,伤害国家尊严和民族感情的事情时有发生。这些问题必须引起全党全社会高度重视,采取有力措施切实加以解决。"

我们必须承认经济发展是文化发展的基础,但这并不意味着文化的发展始终与经济发展同步,文化存在其自身的传承性和相对的独立性。同时我们也应该认识到文化和经济是紧密结合、互相渗透的,形成以经济为依托的新文化形态,或以文化为内涵的新经济形态,即"经济的文化化"和"文化的经济化"。因此我们在以"经济建设为中心"的同时,必须强调文化对经济的作用,在经济转型的关键期更要重视文化的同步转型,更体现文化对经济的反作用。建设有利于我国经济转型升级的文化模式和社会文化生态,从而充分发挥上层建筑对经济基础的积极反作用。

实现中华民族伟大复兴必须实现科学发展、协调发展、和谐发展,必须建设良好的社会文化生态。实现社会和谐,建设美好社会,是人类社会发展的必然趋向。党的十六届四中全会从加强执政能力的角度明确提出要不断提高构建社会主义和谐社会的能力,形成全体人民各尽其能、各得所需而又和谐相处的社会。这是中国共产党在建设中国特色社会主义过程中所提出的,更加注重社会和谐、社会公平和社会正义。

和谐社会的主导文化,一定是积极向上的先进文化,代表人类社会发展的必然要求。通过这种主导文化,形成社会的共同价值观,这种价值观又反过来对社会的发展和进步起到积极的支持作用,促进经济和社会协调发展。

一个社会仅有发达的经济是不够的,经济发达而文化落后的话,社会必然无法前进。构建社会主义和谐社会是一项艰巨复杂的系统工程。

一个社会是否和谐，在很大程度上取决于全体社会成员的道德素质。构建和谐社会，离不开道德建设。道德建设是维护社会秩序、规范人们思想和行为、实现社会和谐的基本途径。

现在有一种提法值得我们讨论："公民文明素质是一项系统工程，也是一个内在的、长期的、潜移默化的过程"。这种提法是模糊的、不清晰的、不能落地的。"长期的"不能实现文化和经济的同步发展，更不能实现上层建筑对经济基础的导向作用。"长期的"没有形成多个短期清晰目标和计划，没有明确的具体部门，最主要的是没有主要负责人去担责，没有责任人的追责制度，没有社会的总动员，没有全体公民的参与，"长期的"往往就是空泛的。人们常说，一个人能走多远，取决于其思想能走多远。也可以说，公民的道德能走多远，也决定了一个国家的经济能走多远。如果人的文化无法提高，经济就很难再上台阶，提高公民道德建设已到了刻不容缓的时刻。文化具有跃迁的特征，因此建议实施具有一个清晰的、可执行的公民道德建设十年目标规划的行动计划。我们相信通过10年左右的努力，可以使全体公民文明素质获得一种跃迁，社会公民道德文化素质跃迁是我们共同期盼的。

在公共道德建设上，我们在用先进的思想引导人、用先进的理念教育人的同时，更要重视制度建设。人性有善与恶两个方面，人性恶的一面不能靠说教来达到"潜移默化"，遏制人性的恶最有效的手段是制度，必须在制度的约束下才能"潜移默化"，必须始终坚持用制度管人。《新时代公民道德建设实施纲要》中提出："坚持发挥社会主义法治的促进和保障作用，以法治承载道德理念，鲜明道德导向，弘扬美德义行，把社会主义道德要求体现到立法、执法、司法、守法之中，以法治的力量引导人们向上向善。"

文化建设制度先行，法律、法规、制度约束是强制的，是社会价值观的显性化，显现好与坏、善与恶、正确与错误。让社会成员感悟什么是积极、健康、进取的行为，什么是消极、不良、落后的行为。

我们必须把制度道德线建在和谐社会行为线之上，才有可能建设一个和谐社会。中华文明发展历史更强调道德精神，强调道德的教化作用，相对弱化了契约、法律、法规和制度。我们应该看到法规和制度对社会价值精神的确立与社会道德的清明起到了根基的作用，只有遵守法规制度，才有道德的基础，才能谈论道德，整个社会才会更好。法规制度必须建立在细节之上，对各种各样不符合和谐社会的丑陋现象都有可以执行的细节，方向确定了，细节则决定成败。有制度必须执行，执行必须有力度，执行要像对待"酒驾"一样，要重拳出击。人性有向善的一面，有利于社会进步和社会和谐制度建设的事情，必将会得到最广大的人民群体的响应。

文化生态是一个国家、一个民族的文化生长和传承发展的基本土壤，它是文化在社会潮流中继承和发扬的环境。工业文化是工业化进程所创造和提炼的文化价值观念的集合。进入工业化社会，工业文化中的先进理念理应成为社会的主流文化。

先进工业文化、先进制造业文化，对人的素质和品格，对人的道德与精神提出了更高的要求，更具有时代的特征，为我国文化建设扩大了新视野、注入新内涵、赋予新任务。扩大文化建设新视野：即社会文化生态建设要反映先进工业文化的理念和要求，反映先进工业文化的价值取向。注入文化建设的新内涵：适应先进工业文化的价值观、发展观、道德观、生产观、消费观等新观念。赋予文化建设新任务：先进工业文化丰富了中国特色社会主义理论体系，促进社会文化生态的文明建设，增强全民的契约精神、规矩意识、工匠精神意识、高质量发展意识、新发展理念意识。

中华民族的伟大复兴，不但是经济的伟大复兴，更是文化的伟大复兴。中华民族具有五千年的文明史，是世界历史上唯一没有中断的人类文明史，这是中华民族文化自信的底气，正是有了民族文化的自信、自觉、自知、自省，才在漫长的历史长河中保持自己、吸纳外来，形成独具特色、辉煌灿烂的中华文明。

我们的文化自信是建立在深厚的民族传统文化、科学马克思主义思想指导下的中国共产党的革命文化和社会主义建设文化伟大实践基础之上的，因此我们的文化自信更表现为与时俱进，立足新的实践，适应历史变迁和不断进步的文化创新。

7.1.2 企业文化生态

企业与社会的关系，是影响企业内部生存环境的最主要关系，它实质上是微观和宏观对立统一的关系。企业本身是一个微观的主体，其活动却是社会的，社会群体构成了企业生存发展的重要外部环境。

社会文化生态决定和影响着企业文化生态。企业是一棵棵有生命的树，其枝叶、花果是企业的产品和服务，代表企业员工的精神面貌，树干是企业战略和运营中的组织结构、组织制度及技术和管理，树根是企业吸收营养的企业文化，社会文化生态是阳光、雨露及整个土壤所提供的养分。少数企业自身优秀的极具生命力的文化形成了自身小生态系统，比其他企业成长更快、更具竞争力。而绝大多数企业，包括企业经营者、职业经理人、股东以及员工都受到社会文化生态的影响，特别是企业经营者，包括国有企业、民营企业、家族企业经营者，他们的职业精神和企业精神都和社会文化生态有着极大的关联，积极健康或消极落后的社会文化都会影响塑造甚至同化其中每一个人。社会条件对个人生存和发展的制约包含着这样一层意思，即社会文化客观上制约着人的思想行为的发展方向及水平。企业文化脱胎于社会文化，社会文化是企业文化的母体，因此企业文化离不开社会文化、地域文化。

企业员工既生活在企业中也生活在社会中，同时受到两个方面的文化影响。企业相对社会是一个更为积极的系统化组织，一个好的企业文化价值观会高于社会普遍认同的价值取向，因此，企业价值观和文化在落地过程中会同社会价值观发生碰撞和冲突，员工会根据自身的思想和文化基因对不同价值观进行选择，产生积极接受和消极抵抗两种态度，消极的价值观和积极价值观一样，都可以传播和蔓延，会形成一个企业内部文化的差异性。

中国社会土壤缺少工匠精神是中国企业缺少工匠精神的最主要因素。2019年，住建部、发改委、生态环境部等九部门联合印发了《住房和城乡建设等部门关于在全国地级以上城市全面开展生活垃圾分类工作的通知》，大城市的垃圾分类最早可追溯到住建部2000年开始在8个城市进行生活垃圾分类收集试点工作，20年过去了，实践证明垃圾分类试点是不成功的。多年来，垃圾分类屡试屡败，屡败屡试。一些地方社会力量自主开展的各种垃圾分类公益志愿者活动，充满艰辛，收效甚微，可是有关部门把不成功的责任归咎于居民不愿意配合实施，归咎于公民素质低下和环保意识不强。这和企业把产品质量不好的责任归咎于员工素质太差完全是如出一辙。

中国有强大的动员能力，但是缺少具有工匠精神的执行力。××市第十三届人民代表大会通过了《××市生活垃圾管理条例》并于2012年3月1日起实行。该条例共分七章六十九条，内容全面而详尽。为什么最有权威的法规没有得到预想的效果？其实这是我们政府、社会、企业普遍存在的一个问题，存在制度与执行"两张皮"的问题，对管理的重要性和复杂性缺乏认识，特别是缺乏工匠精神。工匠精神首先是责任心即敬业精神，主动积极把事做好的精神；其次需要对任务目标有分析和判断能力，即知道做什么和怎样做；最后要执着和坚持，把行动变成结果。

立法容易执法难。垃圾分类看似简单但有很多难点，这里面的问题有三个：第一，缺少从源头即物品生产环节减少垃圾和容易进行垃圾分类的思想和措施；第二，分类过程的知识宣传不够，导致认知巩固及内化于居民的自觉行为有所欠缺；第三，分类投放的控制和垃圾清理过程中的运输存在不足，导致处理垃圾的工程能力和利用水平低下。垃圾分类不只是一笔经济账，更是改变民众行为、提升国民素质的切入点，其背后的文化素养的提升比经济价值更重要，但这也是垃圾分类的最难点，它的难点是如何让全民自觉参与及对垃圾全方位、全过程的管理控制。垃圾分类是培养社会公民自律和社会工匠精神的重要抓手。

我们从以上举例再回到企业。企业低质量、低效率现象和城市垃圾管理屡试屡败、屡败屡试的背后原因是一样的，管理中我们缺乏的是执着、专注、坚持，缺乏的是严谨的工作作风和一丝不苟的工作态度。呼唤工匠精神、落实工匠精神是当今中国政府、社会、企业需要共同认识的事，一定要有行动的决心。打造良好的社会文化生态和企业文化生态需要一种变革，这种文化跃迁的变革不一定要暴风，也不一定要骤雨，但需要华为式的文化推进。

企业文化生态是指一个国家或地区的企业在长期的生产经营过程中，出于自身发展需要，为适应环境而形成的文化心理和行为方式的总和。企业文化的形成和发展受到众多因素的影响，如历史文化、社会环境、经济基础、行业特点、企业经营者价值观等。目前我们大多数企业没有形成真正意义上的企业文化和核心价值观。

从企业文化生态出发，我们还要从更大的视角来分析行业文化、产业文化、制造业文化及工业文化生态。制造业企业是工业的内核，工业文化则在更大范围内反映了企业文化。

工业文明开启了工业文化，工业文化又反映了工业文明。一个国家、一个地区的工业文化发展水平与其工业化发展水平是相辅相成的，没有先进的工业文化就没有可持续发展的高水平工业化。一方面，工业社会的制度形态、价值观念、行为规范、生产方式与人文环境决定了工业文明的发展程度；另一方面，人类在创造工业文明的进程中，也不断地创造先进工业文化，并逐步构建起整个社会的价值体系和道德规范。①

工业文化可表现在观念形态、制度形态、物质形态等各个层面。制度形态、物质形态可以在较短时间内获得进步，而观念形态的进步则是缓慢的，它受旧文化的约束和制约。两千多年以来，中国一直处于农业文明时代，中国工业文明只有短短70年的历史，在这期间，农业文明与工业文明经常处于相互碰撞和相互交融的状态，中国工业文化观念形态还受到传统农业文化观念形态的影响和制约。改革开放40多年来，我国处于一个大的社会变革期，经济快速发展，特别是市场经济的竞争压力传递，形成区域经济、城市经济、企业发展的动力和压力。"时间就是金钱，效率就是生命"传遍大江南北，成为改革开放中最脍炙人口、最著名的一句口号。这句口号代表了只争朝夕的奋斗精神，具有积极的时代意义。同时期，我国又出现了另外一种现象：房地产的"空手套白狼"，股票市场的"金融盛宴"，使一部分人不是通过劳动快速富起来。快速致富驱动整个社会产生了挣快钱的思想，市场经济竞争压力又形成浮躁心态，企业产业多元化，企业资金地产化、金融化，在这期间，拜金主义、投机主义使浮躁心态、挣快钱思想成为一种情绪化、盲动化的社会病态心理。中国人是世界上公认最具有吃苦耐劳、坚韧不拔品格的民族，我们是世界上最希望改变自身命运、民族命运、国家命运的民族，但是我们的工业化、市场经济的时间还不长，我们对工业文化认识不足，我们的市场心态还不成熟。

从总体上说，我们企业对工业文化、对先进制造业文化精神的认识还落后于工业发达国家的企业。因此，我们必须铲除不利于现代工业文明的落后文化，建立起先进工业文化的科学发展观，加快先进制造业文化的进化，并使之成为国家、地区、企业的共同观念和行动模式，以尽

---

① 罗民. 工业文化的范畴和作用[EB/OL]. 百度,2015-10-22.

快适应国家发展战略。

在长期工业化进程中，西方各个国家形成了不同的制造业文化，美国、德国、日本脱颖而出，既各有所长也各有所短。我们既要学习世界上先进的制造业文化，也要发扬我国自身传统中的优秀文化，更要继承和发扬中国共产党革命时期和社会主义建设时期艰苦奋斗的创业文化、与时俱进的创新文化，加快工业文化生态转型，形成具有中国特色社会主义的、先进的工业文明生态。

企业文化生态是现代社会经济发展的产物，社会文化生态与企业文化生态相辅相成、相互促进。努力打造良好的社会文化生态和良好的企业文化生态，是国家文化软实力的重要内容。

7.2 先进制造业文化需要国家顶层设计

7.2.1 寻求最优赶超路径

2018版美国国防战略报告提出,"国家间的战略竞争现在是美国国家安全的首要问题",把中国定义为美国长期的"战略竞争对手"。近年来,美国政府出台了《先进制造业国家战略计划》(2012)、《国家制造业创新网络(NNMI)项目战略计划》(2016)等,在推行自己的产业政策的同时,对中国展开贸易、科技等领域的打压。科技打压首先在通信产业链高端领域进行,对中兴、华为展开了"围剿"行动,并对其他中国高科技企业实施产品市场禁入,对芯片、软件及其设备进行封锁。美国的霸道行为和狼子野心,让中国人民认识到发展科学技术的重要性,增强了紧迫感。

中兴通讯虽然处于世界通信行业排名第四的位置,但缺少核心技术,一夜之间面临困境,而华为用自己的核心技术,不仅顶住了美国举国之力的围剿,还以"备胎"技术伤及美国利益。相同遭遇,不同结果,使中国相关专家和社会舆论意识都集中到了"核心技术"上,基础研究、应用研究更是成为当前中国经济转型升级的关键词。

科技是国家竞争力,特别是当前以美国为首的西方各国在高科技领域对中国进行打压和封锁,我们必须集中资源,在关键核心科学技术上取得突破,这是中国国情的特殊性所决定的。但从中国经济结构调整和转型升级角度来看,还存在普遍性因素。我们面临的国内经济是多样性的,要具体问题具体分析,要充分认识到不同行业产业处于不同的发展阶段,各个发展阶段的主要问题具有不同性。要在创新驱动和质量为先两个方面做得更好,我们要研究"比较优势",取得"后发优势",也要研究"比较劣势",取得"后发优势"。我们要遵从事物发展的内在规律,根据不同领域、不同发展阶段主要矛盾和矛盾的主要方面,来把握最优赶超路径和最优赶超战略。我们要以史为镜,特别对成功跨越"中等收入陷阱"的国家发展模式进行研究,来实现追赶型到超越型的发展,尽快实现国家和民族的伟大复兴。

2012年以来,多年"三驾马车"的经济发展模式已经力不从心,经济增速下行压力逐渐加大,中国经济总体发展的粗放型特征仍十分突出,表现在我国国民经济层面的具体问题,即中央所总结的"四降一升":经济增长率在下降,工业产成品价格在下降,实体经济企业的利润在下降,财政收入增幅也在下降,与此同时,经济风险发生率则在不断上升。中国经济高质量发展进入转型升级的关键期。

中国制造战略规划中提出,要立足国情,立足现实,力争通过"三步走"实现制造强国的战略目标。第一步,力争用十年时间,迈入制造强国行列。到2025年,制造业整体素质大幅提升,创新能力显著增强,全员劳动生产率明显提高,在全球产业分工和价值链中的地位明显提升,两化(工业化和信息化)融合迈上新台阶。第二步,到2035年,我国制造业整体达到世界制造业强国阵营中等水平,全面实现工业化。第三步,在新中国成立一百年时,制造业大国地位更加巩固,综合实力进入世界制造业强国前列,建成全球领先的技术体系和工业体系。从"三步走"的目标,中国制造业推进的是从追赶到超越战略,赶超战略是后发国家现代化进程的必由之路。

"三步走"战略最关键的是"第一步","第一步"的关键在于"整体素质大幅提升"和"创新能力显著增强"。如何提升整体素质,如何把素质的提升落实在创新能力上,是实施"第一步"战略的关键。整体素质首先是制造业队伍的思想文化素质,是企业家队伍的素质,是企业家精神和工匠精神,如果不在这一层面下大气力,恐怕第一步战略规划要实现就会有问题。

"十四五"时期是我国由全面建设小康社会向基本实现社会主义现代化的关键时期、"两个一百年"奋斗目标的历史交汇期,也是全面开启社会主义现代化强国建设新征程的重要机遇期。"十四五"规划和2035年远景目标纲要中指出,"'十四五'时期推动高质量发展,必须立足新发展阶段、贯彻新发展理念、构建新发展格局","贯彻新发展理念为把握新发展阶段、构建新发展格局提供了行动指南,"贯彻新发展理念,首先要破除不利于制造业发展的各种落后的文化现象和陋习,在经济发展前半程,它们是隐形的、次要的矛盾,但经济进入高质量发展阶段,它们就成为发展的主要矛盾,其制约着经济其他要素的存在和发展。因此通过先进制造业文化创新切实转变发展方式,推动质量变革、效率变革、动力变革,推动经济高质量发展。

历史表明,许多经济体在前期都能通过人口和资源、初级技术和资本迅速地达到中等收入发展阶段,但只有很少国家能够跨越这个阶段,1960年以来,只有13个国家先后成为高收入经济体。在这13个国家中,只有日本、韩国、西班牙3个国家人口超过2500万。小国家进入高收入经济体相对容易得多,往往借助于几个大企业,利用其他大经济体的市场规模,本国跨国公司在别国取得利润后再输送回本国,创造本国国民的富裕就可以了。任何国家经济的发展都一定要依靠本国有活力的国民企业,从没有任何国家因为外资子公司而成为富裕的强国。

世界银行的数据显示,2017年底,高收入国家总人口数量为12.49

亿。换句话说，中国人口总量已经超过全球高收入国家人口的总和，中国的人口体量决定中国要想进入高收入国家行列，实现发达国家中等水平收入，要比其他国家付出更大的努力。中国要实现高收入国家中等收入水平，不仅面临经济方面的挑战，还面临政治制度和体制的考验，特别是当今世界霸权主义国家——美国的阻挠，因为这是世界300年来资本主义制度在经济上首次受到社会主义制度的挑战。资本主义与中国特色社会主义，两种制度、两种体制价值观的对抗和较量，必定反映在经济层面，在当前全球经济一体化的情况下，是经济利益和经济蛋糕重新分配的问题，会通过经济全球化与反经济全球化的形式表达出来，这也是不可忽视的重要问题。

我们的经济发展要寻找最优路径的赶超战略，实现跨越式发展，知己知彼，百战不殆，我们要与最具代表性的发达国家，如美国、德国、日本标杆进行对比，既要分析自身的强项，使强项更强，也要着力于发展要素中的一些薄弱环节，消除制约经济发展的瓶颈和短板。一般来讲，创新引领表现为四种形式：第一，科技创新引领；第二，管理创新引领；第三，商业创新引领；第四，文化创新引领。先进制造业文化是微观主体内生动力，有综合性、关键性的引领作用，通过文化创新引领加快先进制造业文化进化，通过文化创新引领加快建设国家新型创新生态系统，是中国追赶发达国家的最优路径。

先进制造业文化是200年来世界企业界、经济理论界不断探索，并经历市场生态大浪淘沙、适者生存的历练得到的，其实践和理论是人类的共同财富。先进制造业文化既不姓资也不姓社，既不姓西也不姓中。学习、吸收国外先进制造业文化，在吸收中创新，在践行中发展，是文化自信的一个组成部分。在改革开放中，我们国家的道路自信、文化自信，让我们选择了市场经济，推动了企业体制改革，加快制造业转型。当前，我们在寻求赶超路径时，也要学习世界先进的制造业文化，这种学习是对制造业发展的正确把握，是对制造业发展潮流和伟大实践的主动担当。我们要通过"实践、认识、再实践、再认识"形成具有中国特色的社会主义先进制造业文化和先进工业文化体系。

7.2.2 先进制造业文化需要顶层设计

一个国家或地区的制造业企业、制造业产品和服务是制造业的集中反映。从制造业的构成来看,其主要由制造业文化层面、组织行为层面、物质层面和环境层面四个层面构成。第一,制造业文化层面,主要包括一个国家和地区的制造业精神、理想信念、经营哲学、价值观念、道德规范、产业行业风貌,具体反映在制造业企业文化、企业家精神上。第二,组织行为层面,主要包括一个国家和地区的制造业经济体制、制造业管理组织机构、战略目标、规划实施、贸易政策、制造业产业和行业的经营策略与定位。第三,物质层面,主要包括一个国家和地区的制造业产业结构、布局、制造业规模、市场地位。第四,环境层面,主要包括一个国家和地区的社会文化、制造业产业政策、相关法律法规、产业标准、教育、社会服务体系、物流体系及市场生态。

制造业文化是制造业发展的灵魂,制造业的发展过程会形成新的制造业文化,新的文化又会反哺制造业的发展,先进制造业文化能加快制造业发展,而落后制造业文化则会制约制造业发展,文化起着导向和引领作用。

从一个国家和地区来看,制造业文化的形成要素与自身传统历史文化、工业化所处阶段,制造业演进过程的文化变迁和变革相关。这种文化变迁和变革是由政治家、行政管理专家、经济理论专家、企业家共同推动的制造业精神和理念。我国把制造业作为国家战略的重中之重,但是对制造业文化却没有给予足够的重视。

中国改革开放才 40 多年,中国市场经济才 30 多年,资本主义市场经济已经历了 300 多年历史,中国经济发展的模式还在摸索中前进,在世界已经相对清楚的"市场经济"基础上,如何形成有中国特色的社会主义市场经济，还需要我们做大量的开拓性工作。我们应该以什么方式来引导经济发展，来应对各种可预见与不可预见的风险和挑战？我们如何形成"中国模式""中国道路"，实现后来居上的经济赶超？我们认为，在中央宏观经济政策的指导下，发挥中国制度优势，集中力量办大事，通过中国先进制造业文化的建设和落地，增强企业内生动力和企业竞争能力，实现中国制造转型升级，这个目标才有可能达到！

供给侧结构性改革是经济改革的总方向，创新是经济改革的总路径。经济产业的多样性，行业及企业的发展不平衡性，必然产生赶超路径的个体特殊性，这需要企业自身根据市场和竞争对手做出判断，找出自身的赶超路径，如果只强调一种方法、一个路径，既不现实也不科学。

政府如何做才能处理好市场经济和有为政府之间的位置角色？政府以何种形式发挥作用，才既不"越位"又不"缺位"？在此过程，政府在经济工作中不仅要注重抓宏观、抓战略、抓前瞻，同时也要注重宏观战略和微观执行得以落地的管道建设，避免出现强宏观而弱微观的情况。

从目前情况来看，对于政府历年来提出的结构调整、质量效益、全要素生产率、创新驱动、质量为先、学习型组织、工匠精神等要求，企业都能高度认识，自动自发落实吗？中央提出的"增加微观主体内生动力"的重大思想并没有落地，正是我们当前面临的问题，这就提出市场的无形之手和政府的有形之手各自功能之间如何优化融合达到既分工又平衡的问题。

由于宏观经济和市场主体的微观经济之间的边界并不清晰，传统的宏观调控方式对微观经济往往失灵。微观经济也是一个巨大的复杂系统，在复杂程度上，由于系统属性太广，出现"调不动"的情况，在深度上，由于涉及环节太多，出现"调不转"的情况，由于系统太复杂，出现"调不灵"的情况。近20年来，我国微观经济质量效益转型、产业结构升级的预期目标并没有真正得以实现，形成我们认为的弱微观状态。政府既不能过度干预微观经济，又不能放任不管。在供给侧结构调整中，如何通过调节系统运行对微观经济具有共性的"关键点"来优化整个微观系统的运行是主要问题，这个共性的关键点指向的就是：先进制造业文化和具有开阔经营管理视野的企业家队伍。

特殊性中含有普遍性，普遍性存在于特殊性之中。企业家队伍建设和先进制造业文化是对企业既具有普遍性又具有引领性的关键要素，是微观经济中的牛鼻子，是牵一发而动全身的软实力，是政府与市场的看得见的手与看不见的手之间的关键"接口"，高度重视、牢牢抓住这个关键"接口"，才能使国家宏观发展战略思想在微观主体层面真正落地。

物质文明和精神文明。在改革开放的初期，我党就提出两个文明建设一起抓，即物质文明和精神文明建设"两手抓""两手都要硬"，建设中国特色社会主义的战略方针。对这一重大战略方针，很多人把"两手抓"理解为物质文明和精神文明分别属于两个方面、两条主线，分别由两套班子来抓，切割了物质文明和精神文明的内在联系，形成制造业制造和制造业文化相隔离的"两张皮"状态。举企业例子，一般人认为产品质量是质量部门的事，而真正决定产品质量的设计部门和生产部门是配合质量部门的，造成本末倒置。由于我们过于强调制造业的物质性而忽视了制造业的文化性，导致最终忽视了文化对制造业的引领和导向作用。

制造业文化是社会文化的一部分，是一个国家和地区经济层面的文化因素。企业文化建设的主体是企业，企业家起主导作用，制造业文化建设的主体是国家，政府起主导作用，其影响不只在经济层面，甚至还会成为国民性问题。现有的企业文化的传导机制是市场经济环境下的自动自发形式，而制造业文化的传导机制是政府主导的自上而下有序的推进形式，其效果完全不同。

我国中观层面政府经济主管部门都是以建设"硬实力"为主要职能的。这些"硬实力"在微观经济中只是局部性的，不具有全局性的引领作用。如果在建设软实力这个重要环节的创新问题不能解决，微观经济内生动力就会缺少中观经济层面的引导和推动，弱微观的现状就会长期影响经济发展。

先进制造业文化推进是大事，是事关我国经济转型升级的大事，是关乎我国综合实力进入世界制造强国前列的大事，是关乎实现伟大中国梦的大事；先进制造业文化推进又是难事，有旧思想、旧习惯的阻力，有不易立竿见影的政绩观的影响，还有形式主义、官僚主义的干扰；先进制造业文化推进还是新事，没有可以借鉴的经验，没有可以度量的标准。改革和创新是永续前行的动力，在大事、难事、新事上创新，其后必有大机遇、大收获，因此先进制造业文化需要顶层设计，需要以习近平新时代中国特色社会主义思想为顶层设计的指导思想，从纵向到横向全方位动员，推进先进制造业文化和先进企业文化两个维度催人奋进的现代化工业体系的文化改革和文化改造。这种文化跃迁的变革并非只有经济史的意义，而且具有世界文明史的意义。

7.2.3 顶层设计和治理能力

顶层设计是党中央在关于"十二五"规划的建议中首次提出的。顶层设计是运用系统论的方法，从全面的角度，对某项任务或某个项目的各方面、各层次、各要素统筹规划，以集中有效资源，高效快捷地实现目标。顶层设计是指抓住重大问题，包括经济、科技、文化等领域确实存在的、对全局性有影响的各种各样的矛盾和问题，包括从当前及今后一个时期影响国家经济发展基本要素和社会和谐的人民群众最关心的重大问题出发，抓住现象背后的体制机制原因并求得突破。

制造业文化生态和企业文化生态是我国经济发展动力的核心问题，是关于制造业如何发展的国家发展战略问题。发展先进制造业文化也是增强道路自信、理论自信、制度自信、文化自信的问题。

21世纪，中国面向现代化、面向世界、面向未来，要以更加自信的心态、更加宽广的胸怀、更加开放的姿态参与世界文明对话。借鉴和吸收人类文明中的一切优秀成果进行创造性转化、创造性发展，形成有中国特色的社会主义文化生态和先进制造业文化生态，这是中国文化自信的表现。

党的十八届三中全会首次在中央文件中提出："推进国家治理体系和治理能力现代化。"国家治理体系和治理能力现代化是中国"四个现代化"之后提出的第五个现代化，是"现代化"中最重要的一部分内容，它将引领"四个现代化"。

不同国家的发展现状在本质上反映和体现着不同类型的国家治理模式，由此可见，国家间的竞争实质上就是国家治理的竞争。中国的国家制度和治理体制在统一人民的思想意识，在集中力量办大事方面均显示出强大的生命力和优越性。国家是发展的"领航者"，国家是资源的"动员者"，国家更是决策的"实施者"。

在中国共产党领导下以举国体制集中力量办大事，是我国社会主义制度的显著优势，共产党在中国社会的凝聚力就是中国的核心竞争力。如何发挥这种优势，简而言之，体现在我们具有自我纠错机制上，因为我们有一套善于总结反思、不断完善的治国理政哲学。中国只要治理有效，就能永远立于不败之地。

《管子·霸言》中有一句经典的话，"国大而政小者，国从其政"，意思是国家规模体量再大，如果国家治理不行，战略格局低下，综合国力就会断崖式下滑，当年苏联和今日美帝莫不如此。

国家治理能力体系和治理能力现代化要解决如何加快物质文明建设和精神文明跃迁的问题。物质文明表示社会物质生产的进步，精神文明表示社会精神生产的进步。物质文明是精神文明发展的基础，为精神文明提供必需的物质前提，精神文明反过来又为物质文明得以巩

7 先进制造业文化需要国家顶层设计

固和发展提供必要条件,并且不同程度地规定和影响物质文明建设的方向。

就主要内容来说,中国特色社会主义文化同社会主义精神文明是一致的。文化的生命力在于流动,文化的流动不断催生文化的分解、融合和创新,文化流动是文化成长、形成新思想的过程,是文化跃迁的最好路径。中国共产党代表中国先进生产力发展要求和中国先进文化的前进方向,在中国共产党的引领下,要加快先进生产力跃迁和先进和谐文化进步,关键在于让先进文化流动起来。毛泽东的群众路线就是一切为了群众、一切依靠群众,从群众中来、到群众中去。在党的领导下,通过在经济领域内的大讨论、大辩论、大学习,形成先进制造业文化的大流动,这个过程也是先进文化的提炼过程、先进文化的再造过程、顶层设计思想到人民群众形成共识的智慧化过程。

紧紧依靠全体中国人民办好中国的事情是推动国家发展最根本的保障,中国共产党的群众路线教育实践活动,让先进文化流动起来,能激发人民群众实现"两个一百年"奋斗愿景的积极性、主动性、创造性,从而催生人民群众实现"两个一百年"奋斗目标的责任感、使命感、荣誉感。

现在的世界正处于"百年未有之大变局"。当前世界格局的形成来源于西方早期科技进步与工业化转型,从而形成以西方为主导的经济霸权、军事霸权、金融霸权和国际话语权。在中国共产党的领导下,中国经济的快速崛起正在动摇西方霸权的基础,正在影响国际格局、现代化模式、人类文明的方向。经济基础决定上层建筑,上层建筑反作用于经济基础。中国共产党领导下的中国经济是对马克思上述理论的伟大实践,对世界政治、经济、历史、文化均有重大影响。实践是认识的基础,是认识的来源,是认识的动力,实践是认识真理性的唯一标准。而中国共产党正是这场伟大实践的担当者。在中国共产党领导下推进的先进制造业文化及落地,在中国经济崛起中更被赋予了在"百年未有之大变局"中的历史意义。

中国共产党克服了西方政党的自利性、狭隘性，始终站在最广大人民的立场上，代表整个国家的长远利益，是实现国家治理现代化的根本保证。和谐社会文化生态建设和先进制造业文化生态建设对任何一个国家而言都具有挑战性，而西方所谓民主国家的多党制及所谓民主、自由的思想体系不可能形成合力。西方政党日益暴露出自利性和狭隘性，西方政党的不良竞争和轮替，不能真正代表最广大人民的利益，也不具有文化生态建设的长远顶层设计和执政治理持续性，无法实现治理措施的落地。中国共产党的领导是中国特色社会主义制度的最大优势，是中国国家治理体系变革、治理能力升级的关键推动力量，也是实现国家治理现代化的根本保证，因此，只有中国共产党能胜任整个国家和谐社会文化生态建设和先进制造业文化生态建设的重任，并引领中国成为世界上最具有先进道德价值观和最具有竞争能力的文化大国。

7.2.4 伟大的时代需要伟大的思想

21世纪是以国家为主体的制造业竞争的世纪，从另一个意义上说，也是国家间文化软实力的竞争。21世纪的制造业，对中国来说既是机遇更是挑战，中国经济的崛起并非仅仅只有经济史的意义，而且具有世界文明史的意义。

邓小平改革开放思想开启了中国经济高速发展的时代，短短40多年，中国的GDP已成为世界第二，目前中国要从制造业大国向制造业强国转变，更需要以新发展理念为主要内容的习近平新时代中国特色社会主义经济思想。

党的十七届六中全会通过的《中共中央关于深化文化体制改革、推动社会主义文化大发展大繁荣若干重大问题的决定》中提出："当今世界正处于大发展、大变革、大调整时期，思想多极化，经济全球化深入发展，科学技术日新月异，各种思想文化交流交融交锋更加频繁，文化在综合国力竞争中的地位和作用更加凸显，维护国家文化安全任务更加艰巨，增强国家文化软实力、中华文化国际影响力更加紧迫。当代中国进入全面建成小康社会的关键时期，深化改革开放、加快转变经济发展方式的攻坚时期，文化越来越成为民族凝聚力和创造力的重要源泉，越来越成为综合国力的重要因素，越来越成为经济社会发展的重要支柱。"

党的十八大以来，习近平总书记多次在不同场合就国家软实力做出一系列重要论述。2013年12月，在中央政治局第十二次集体学习时，习近平总书记强调，提高国家文化软实力，关系"两个一百年"奋斗目标和中华民族伟大中国梦的实现。中国正在进行一场伟大的事业，伟大的事业需要有一个统一的思想，鼓舞全国人民士气，振奋全国人民精神，朝着振兴中华，实现伟大中国梦的目标团结一心前进。习近平新时代中国特色社会主义思想是实现中国伟大事业的马克思主义与当代中国社会主义建设实践相结合的思想，习近平经济思想坚持把马克思主义政治经济学基本原理同中国实际和时代特征相结合，是我们党和国家必须长期坚持的指导思想。先进制造业作为实现伟大中国梦的主战场和使命担当，必须通过先进制造业文化创新，让新时代中国特色社会主义主流思想真正深入企业，形成先进的企业文化，实现最优赶超路径。

伟大的时代呼唤伟大精神。一个伟大的时代，总有一种奋发向上的力量；一个伟大的事业，总有一种锐意进取的意志；一个企业的兴盛，总要有一个先进文化引领，这个文化要具有凝聚力和创新力。只有这样，才能带领企业全体员工攻坚克难，一步一步向前追赶，一步一步实现超越。

一个企业需要奋斗精神。中国共产党的历史就是一部艰苦卓绝的奋斗史。习近平总书记在党的十九大报告中提出："全党一定要保持艰苦奋斗、戒骄戒躁的作风，以时不我待、只争朝夕的精神，奋力走好新时代的长征路。"一个优秀企业成长，从小到大、从大到强也是一部奋斗史。一个企业从模仿到追赶到超越必须具有奋斗精神。体育运动中的冠军都是奋斗出来的，奋斗是艰苦的，没有艰苦不能称之为奋斗，艰苦奋斗精神就是创业精神，就是励精图治精神，就是追赶和超越的精神。正所谓："行百里者半九十。"奋斗精神要代代相传，才能始终保持企业的内在动力。

一个企业需要创新精神。创新是一个企业不竭的生命动力来源，因为社会在不断进步，人的需求在不断变化，市场也处在不断的创新竞争之中，不创新就意味着被淘汰。创新精神首先要有思想的引领，有了思想的创新动力，才有创新行动。因此，思想上的进取精神、工作上的探索精神、目标上的超越和卓越精神，能让企业在各项工作中实现全方位的创新。习近平总书记在十八届中央政治局第九次集体学习时的讲话中指出：在激烈的国际竞争中，"惟创新者进""惟创新者强""惟创新者胜。"

要大力弘扬企业家精神。企业是经济活动的主体，"企业家精神"是培育企业成长的思想，是推动经济高质量发展的精神动力。培养和造就一大批企业家，建设先进企业文化，引导企业跨越式发展，是企业发展的最优赶超路径。2014年11月在亚太经合组织工商领导人峰会上，习近平主席指出："市场活动来自人，特别是来自企业家，来自企业家精神。"要用社会主义核心价值观来培育企业家精神，形成有中国特色的企业家群体队伍。

我们希望看到先进制造业文化能成为推动中国从制造业大国向制造业强国转变的强大动力，让先进制造业文化成为中国制造的发动机，形成中国社会主义市场经济中的中国模式。

2019年，在会见探月工程"嫦娥四号"任务参研参试人员代表时，习近平总书记指出：实践告诉我们，"伟大事业都始于梦想""伟大事业都基于创新""伟大事业都成于实干"。在实现中国制造业强国的过程中，我们应该迎来中国制造业文化的大变革、大发展。我们国家已经站在更高的起点上，有更宽广的视野、更深刻的洞察力。一个国家、一个民族的强盛，总是以文化兴盛为支持！

参考文献

[1] 王新哲,孙星,罗民. 工业文化. 北京:电子工业出版社,2016(8):184.

[2] 贾康,苏京春. 中国的坎——如何跨越"中等收入陷阱"[M]. 北京:中信出版社,2016.

[3] 张猛. 中等收入国家的发展经济学[M]. 北京:中国社会科学出版社,2017.

[4] 任浩. 战略管理—现代的观点[M]. 北京:清华大学出版社,2008.

[5] 楼河. 华为哲学概论[M]. 江苏:凤凰江苏文艺出版社,2013.

[6] 吴文盛. 企业核心竞争力的文化根源[M]. 北京:中国经济出版社,2006.

[7] 李春华. 文化生产力与人类文明的跃迁[M]. 北京:中国社会科学出版社,2016.

[8] 李建军. 企业文化与制度创新[M]. 北京:清华大学出版社,2004.

[9] 陈小明. 企业创新之道[M]. 北京:清华大学出版社,2004.

[10] 柴邦衡,陈卫. 设计控制[M]. 北京:机械工业出版社,2002.

[11]柴邦衡,刘晓论.制造过程管理[M].北京:机械工业出版社,2006.

[12]〔美〕彼得·德鲁克.创新与企业家精神[M].蔡文燕译.北京:机械工业出版社,2018.

[13]〔美〕汤姆·彼得斯,罗伯特·沃特曼.追求卓越[M].胡玮珊译.北京:中信出版社,2009.

[14]欧庭高,曾华锋.企业文化与技术创新[M].北京:清华大学出版社,2007.

[15]党延忠.企业知识管理[M].北京:清华大学出版社,2011.

[16]〔美〕彼得·圣吉.第五项修炼[M].郭进隆译.上海:上海三联书店,2003.

[17]周新曜.团队的力量[M].北京:地震出版社,2006.

[18]孙科柳.华为基因——华为人的工作哲学[M].北京:电子工业出版社,2014.

[19]杨克明.企业文化落地——高效手册[M].北京:北京大学出版社,2011.

[20]魏杰.企业哲学——成功管理者的七维视野[M].北京:中国发展出版社,2005.

[21]杨乔雅.大国工匠——寻找中国缺失的工匠精神[M].北京:经济管理出版社,2017.